人类的法定权利

[英]保罗·赛格特（Paul Sieghart）／著

张伟／译

An Introduction to the International Legal Code of Human Rights

The Lawful Rights of Mankind

中国人民大学出版社
·北京·

致 F. A.

致谢

  我必须向读过本书草稿,并且给予最宝贵评价的许多朋友表示衷心的感谢!他们是:Philip Alston,Alejandro Artucio,Andrew Drzemczewski,Samuel Finer,Leah Levin,Richard Longhorne,Daniel Ravindran,Nigel Rodley,Mary Ann Sieghart 以及 Robert Sackville West。我还尤其受益于 Alan Ryand 的许多中肯的建议。不用说,他们都不应该对书中仍旧存在的错误和疏忽之处承担责任。

前言

有关人权的话题我们现在听到的比过去多得多了,尤其是从很少以尊重人权而闻名的政治家那里。这其中的一个原因就在于很少为人所知的国际法领域的一些最新的发展,而这为本书的撰写提供了机缘。

当我们追溯到第二次世界大战末期的时候,一个国家怎样对待其公民完全属于一国主权管辖范围内的事务,而不属于其国界以外任何人所合法关注的事项,这是在国际关系领域里被普遍接受的一个理论。在1936年,假如一个来自国外的善意代表团就臭名昭著的纽伦堡法律及其用以迫害犹太人的方式向希特勒总理提出抗议的话,这个德国独裁者可能会以一句经典的"这是对德国这样一个主权国家内政的不法干涉"为由,指出这些法律完全是根据德国宪法的规定,由一个宪法上和法律上有权制定它们的议会通过的,而且它们及其适用问题都与任何多管闲事的外国人没有关系,从而驳回这样的主张。而且,依据当时的国际法,他完全是对的。

如果这样的代表团今天向当代活着的独裁者抗议其一些法律中存在着不公正问题的话,这些指责毫无疑问会被以同样的借口予以驳斥。但是,根据今天的国际法,那些独裁者可就错了。因为自从希特勒和斯大林时代以来,国际法领域发生了可以被称为一场革命的巨大变化。如今，历史上第一次，一个主权国家如何对待其公民的问题不再是其可以排他的决定，而是所有其他国家及其居民所合法关注的事项。

那场革命的结果就是一部详细地确立了用来对抗国家的个人权利的国际法规则。根据这部法律的规定，国家行使管理个人的权力，因而使得这些个人成为法律权利的主体，而不再仅仅是其同情的对象。该规则将这些权利称为"人权"。自从第二次世界大战以来，它不同的规定已经开始得以实施，但是其主要的部分——那对孪生的联合国公约——直到1976年才正式生效。从那时起，这个特别的组成部分已经扩展到全世界将近九十个主权国家，这就是我们今天比过去更常听到人权的主要原因之一。

然而，不论是这个规则的出现还是其内容，都没有得到国际法、外交和政府其他一些部门工作人员的广泛了解。显而易见，它们应该更为人所知，这正是撰写本书的主要目的。该规则包含了9个一般性文件——两个宣言、两个公约、两个条约和三个宪章——以及其他不同类型的专门条约。其中一些部分已经被国际裁判机构和其他主管当局予以大量解释和适用，为这个领域带来了许多知识和判例。大部分的资料被收集在我的另一本由克拉伦登出版社（Clarendon Press）于1983年2月发行的叫作《国际人权法》的书里面。那是一部接近六百页的结实的大部头，主要用来为专业人士提供参考。我当时没有期望任何人把它当作对这个话题的介绍予以阅读，因此，我很愉快地接受了牛津出版社的邀请，为它们的 Oxford Paperbacks University Series（牛津平装本大学系列丛书）写一本篇幅短很多的书。

但是本书不仅只是针对一般读者的一个介绍，它或许还可以在一定程度上成为那个较长版本的指南。在那样一本工具书中，由于篇幅所限，许多讨论被排除在外了，并且由于受到学术惯例的约束而不能表达许多个人的观点。这些限制不适用于此书，因此我可以自由地讨论，阐述自己的观点，表达我心中的一些顾虑，特别是有关规则的局限性和缺点，以期和本书的诞生一样受到欢迎。但是我希望我在撰写的过程中已经讲明白了自己在哪些地方是怎么做的，以便读者随意地否定，并得出自己的结论。

在世界上许多地方，人权继续遭受践踏，有时达到了大规模和凄惨的程度。这是一个老生常谈的问题。的确，大概不到几十个国家能够自信地说人权还是得到了比较好的尊重。对于这套新的规则来讲，这可不是一个好的推介，并且会导致一些人认为它只不过是一堆无用的废纸。我相信这样的观点是非常错误的。我们必须记住这套规则是新的：从法律历史的角度来看，的确很新。我们似乎还没来得及了解它的存在，更不用说熟悉怎样自信或权威地适用它了。即便如此，它最初的影响正开始变得显而易见。比如，在欧洲，斯特拉斯堡相关的国际机构就发现，许多国家没有依据欧洲人权公约或欧洲社会宪章的规定，履行其所应承担的法律义务，此后，这些国家都遵从了国际机构权威和缜密的裁决，已经修正了它们的国内法律或行政方式。进一步来讲，把国际批评当作一个"对主权国家内部事务的不法干涉"而予以完全拒绝的声音已经渐行渐弱了。更常见的是，那些采用高压措施的政府仍旧尝试辩解说，它们所做的一切符合相关条约的规定，希望把紧急状态、国家安全、公共秩序之类的例外情况当作他们的免责通道。这是一个可喜的发展，因为这起码表明这些国家已经把人权规则当作具有约束力的法律而予以承认了，从而取代了过去在此领域内对所有国际法的否定态度。毕竟，一个"无罪"的请求至少是以接受法律及其法院的司法管辖权为前提条件的。

本书的读者需要常常记住人权的理论问题与人权法的实际问题之间的重要区别。哲学家和其他人已经就"权利"的概念问题争论了许多个世纪：它们是什么？谁享有或应该享有它们？一个人怎么获得和失去它们？它们（应该）适用的对象是谁？它们是否属于不同的种类？是否有一部分是人人都（应该）拥有的等等。在实践中，它们已经拓展出了许多与这些问题相关的重要和复杂的理论——包括"自然权利"理论、"人权论"，以及一大堆被认为是现代"人权"的前身的"道德权利"。这些争论仍在继续。的确，它们可能没有一个定论，原因在于不同的起点和不同的逻辑路径必然产生不同的结果——包括希特勒的那些做法在内。正是为了克服这个不确定性，国际社会才建立了协商一致的法律规则——就像为了避免在英里、里格、厄尔、磅、盎司和格令方面引发进一步的冲突那样，科学家和工程师们建立了全世界统一的诸如米和克的度量标准。

由于本书讲的是一种新的法律规则，它有意回避了任何有关人权哲学的大量讨论。因此它实际上不是有关人权的，而仅是有关人权法的——只关注现在的法律是怎样规定的，而不是讲人们认为它应该是什么样的。只要有关一些重大的道德问题还没有法律规定，每个人对此问题的态度——以及他与此相关的行为——就由其个人信仰来决定，不论是宗教的、道德的、意识形态的还是文化的；并且与其针锋相对的反对者面对最具说服力的辩词依旧会无动于衷，这仅仅是因为他们自己主要的信仰碰巧是不同的而已。但是一旦有了法律，至少在描述他们的行为方面，它为所有争论者确定了问题所在。他们或许认为法律是错误的，并且希望予以修改了，他们或许尝试着为达到这样目的而采取适当的措施，但是只要法律继续有效，他们就要受到它的约束，并且只能够在自负后果的情况下，不服从它的规定。

由于在所有社会里内在利益的冲突，以及统治者和被统治者之间存在着内在的紧张关系，有关人权的争论以及为保护和实现人权所作的斗争便会延绵不绝。没有任何可预见的征兆显示我们能够放松警惕，自信地认为所有这些斗争都已经随着时间的流逝而大获全胜了。也不可能会有那么一天，人人能够一致认为法律规定既正确又完备，而永远不需要被修改，也没有其他任何需要增加的人权了——类似的情况恐怕只有可能发生在科学或工程标准制定方面。但是，我们现在终于有了一部规则，而且它已经对以前从未听说此类问题的许多国际社会成员产生了法律上的约束力。严格来讲，一旦它开始生效了，该规则如何与一种或另一种意识形态协调一致，或者其哲学的、政治的或文化的前提是什么，这些就与其适用问题毫无关系了。因此，我们现在必须要做的就是要学习、理解它，把将其适用范围扩展到那些还没有适用它的地方当作一个先决条件。

简而言之，如果我们今天想知道一个人是否享有某项特殊的人权，我们只能客观地对照规则，并且希望通过考察其特殊环境下的具体适用情况来找到答案，从而绕开了任何哲学的疑问或意识形态方面的反对意见。这样的调查是必要的法律考量，涉及对每一个相关条文字面意思的仔细研究，利用所有法律人学究式的规则梳理它们的意思，将结果运用到案件特殊的事实中去。恪守法律或许不是一个很受人欢迎的态度或行为，但是在人权法领域，它既是必要的，也是重要的，因为任何政府最终的合法性取决于其行为的合法。一旦政府违反了约束其自身的法律，它就将其要求公民宣誓效忠、听从命令以及获得国际社会其他成员承认的合法性问题陷入危机之中了。因此，了解一个政府是不是遵从其法律义务的问题是至关重要的，这只能通过利用法律人的技能予以客观地展现。在人权法中，我们现在有了一个客观的框架，用来衡量一个政府对待其居民的行为公正与否，当然前提是我们得要知道如何开展这些考察。

构想和安排

本书的唯一目标是解释这如何能够做得到。就此而言，不需要任何领域的特殊知识。本书被分为三个部分。第一部分布景搭台，解释新规则的背景是什么。它以一个寓言开头，紧跟着是一幅具有高度选择性的，汇聚了各式各样的政治历史、法律和宪法史以及思想史的拼贴画。这部分被囊括在内，仅仅是因为这些事项的一些概念对于确立新的规则在现代社会当中的位置是必要的，但是必须要告知读者其明显的缺陷，并建议大家只拿它们获取一些大约的方位而已。

第二部分简单地解释了国际法一般是怎么被制定出来的，这个特别的分支实际上是如何被制定的，以及它是如何发挥作用的。

第三部分随后总结并讨论规则实际上说了些什么。由于篇幅所限，很多方面不得不被省去了。建议读者们花时间阅读一下这些规则的文本，即这些一般性文件的序言和实质性条款。如今有上百个已经判决的案件涉及绝大多数这些条款的解释问题，但是我只能提及少数几个：任何对其他案件感兴趣的人会在我的《国际人权法》一书中找到介绍，如果您希望了解得更多，请一定参阅文中提及案件的原始记录。

像本书的大部头伙伴一样，我没有从时间和空间角度考察人权的实际遵守情况。正因为如此，只有在有必要解释法律起源的情况下，我才提及了过去的一些侵害事件，我没有特别提及当今的问题，也没有指名道姓地批评任何国家在此领域当前的表现。这当然不能被看作是对这些事件的任何默许，或者对它们的进展情况漠不关心。（也不能把在介绍法律的书籍中所使用的冷静、淡定的语言表现形式，解释成为在人权事业中不需要持续的投入、热情和争论。）

既然人权法如今是通用的，而不依赖于特殊的文化或意识形态，当一个人在写作有关这方面的书籍时，不带有任何民族的或意识形态的偏见是至关重要的。坦白地讲，在第三和第四章中描绘历史背景的过程中，我发现不可避免带有一种以欧洲为中心的和实际上是一种以英格兰为中心的偏见，这是因为从中世纪往后，世界上最完备的有关人权的斗争记录碰巧起源于英格兰的历史；许多如今体现在国际规则中的原则根植于此，即使它们后来的发展遍及法国、美国和其他国家。这个事实本身不能支持人权仅仅是西方或第一世界国家关注的论点：这种关注的确是世界性的，并且在任何人类一起生活和工作的地方，人权一直得到人们的珍惜和奋争。这些最有名的构想源于英伦三岛的历史，只不过是地理、气候或者政治和社会历史的巧合，对此或许不值得获得任何特别的赞誉，但是试图隐瞒这个事实就不够诚实了。

保罗·赛格特（Paul Sieghart）
格雷律师学院（Gray's Inn）
英国，伦敦
1984年8月

目　录

第一部分　规则背后的故事

1. 一则寓言 / 3
2. 神职人员与君主 / 15
3. 君主与臣民 / 23
4. 臣民和国家 / 35
5. 当代国际人权法 / 54

第二部分　规则是如何被制定的，又是怎样发挥作用的

6. 制定国际法 / 63
7. 法典的要素 / 77
8. 规则的实施 / 97
9. 国内救济 / 112
10. 国际救济 / 121

第三部分　规则说了些什么

11. 身体自由 / 139

| 12 | 食物、住所、健康和家庭 / 152
| 13 | 工作、收入和财产 / 158
| 14 | 公正的法律和程序 / 169
| 15 | 思想自由 / 176
| 16 | 一起做事 / 189
| 17 | 民主与公共事务 / 197
| 18 | "民族"权利 / 207

附录一 / 216
《世界人权宣言》介绍 / 216
《世界人权宣言》/ 218
附录二 / 225
联合国人权两公约介绍 / 225
译者后记 / 234

第一部分
规则背后的故事

1
一则寓言

目前生效的国际人权法规则是许多世纪以来众多历史事件、思想和运动的产物，以及多种力量相互作用的结果。因此，在不通晓它们的前提和来龙去脉，不知道这些规则是怎么被制定的，在它之前发生了什么，它有什么新的发展，它致力服务的目标是什么，解释它的规则是什么，它如何发挥作用，以及它的局限性是什么的情况下，一个人不能仅仅拿起条约原文，就希望理解其深意，把握其错综复杂的内涵。仅对上述事项的一般了解至少需要一些国际和国内法律史方面的知识，其蕴含观念的发展状况，与最终引发起草工作的政治事件之间的因果关系，其欲平衡和调整的经济和其他利益，以及使其成为必然和可能的社会变革。

上面提及的这些内容多数已经被写过了。本章随后的部分试图筛选出那些材料当中的一些核心特征——既不深究细节，以免超出非专业读者的需要，也不因过分简化而误导一般读者，而是以一些相互联系的方式呈现出它们的特征，——尽管它可能只是一连串的框架。

个人及其需求

如今当我们想到一个民族或国家的时候，就会认为它是——或者至少应该是——建立在其成员共同意愿基础上的一个社会，为维护共同利益，大家就社会管理方式达成广泛一致。假如我们被问及这样的协议当初是怎样达成的，我们便会追溯至远古时代，脑海中浮现出一幅早期村落的简单画面，想象着村民们如何决定他们管理事务的方式。

这实际上是一个很好的起点。让我们以此开启一个想象的空间，或者更确切地说，掀开一个寓言的面纱。由于我们主要关心的是人权，也就是说，人类的个体权利，那就让我们首先从一个单个的人开启我们的旅程吧。既然我们仍处在这个寓言的开头，那么我们先暂时假设这个人在世界上是形单影只的。这样我们就无须将其与他人区分，所以也无须为其命名。尽管名字不是必需的，但有个名字肯定会很有用。为了方便起见，就让我们延续一个比较熟悉的传统，不妨称我们的第一人为亚当吧。

当然，我们知道，如果我们新创造的物种要准备繁衍，我们就必须很快介绍夏娃出场。但是在此之前，还是让我们好好地观察一下亚当吧。若要他生存几分钟，他必须有空气呼吸；若要他的生命延长至几日，他必须有水喝、有食物吃。在我们借取他名字的伊甸园里，他必须能够从茂密的树枝上采摘能吃的东西，在除此以外的地方，他还必须能够采集、播种或者猎取食物。为此，他需要随其所愿地迁徙。他还需要住所以躲避恶劣天气和食肉动物。

有了上述这些生活的基本所需，我们有理由相信亚当或许能够生存数年；确实，如果幸运的话，只要能保持健康、一直自谋生计，他甚至可以度过相当长的一生。但他能够期待得到的也就这么多了。没有与他一样的同类，他不能繁衍后代，更不用说培养他多方面的人性潜力了。

人类族群

因此，我们还是让夏娃赶快出场吧。为了加速这一进程，我们再带出他们的孩子该隐和亚伯，以及一些类似的家庭，以便形成第一个小村落。我们将这样的早期群体设想为世界起源时人类文明的发端。我们把这些人带到孤独的亚当身边，不仅使他能够生存更久，并且使繁衍子孙成为可能，如此一来，我们整个新物种便可长期存续。但是我们还应该介绍一下同时会出现的其他情况。

我们村落的人很快发现，有些事一起做比分开来做得更好。一个猎手不大可能凭借自己的双手捉到一头斑马，但如果是一群猎手，分成两个相互配合的小组，其中一组将斑马赶进另一组的埋伏中，这么做胜算就大很多。大家还会发现，有些村民打猎时技高一筹，其他人或擅长采摘，或擅长种植庄稼、驯养动物；有的人精通制造渔具和武器，有的人则擅长搭建棚屋和仓库。男人不能哺乳婴儿，大多数女人也无法举起或搬运非常重的东西。因此，一定程度上的劳动分工很快建立起来了，原始经济关系也随之诞生——首先出现了物物交换，后来发展为更加复杂的交换和贸易。

于是，社区建立起一种结构，每个成员在其中担当不同的职责，但是，这些职责需要在一定程度上相互协调。因此，猎手们需要聚在一起商讨捕猎策略，采摘者则需要交换果实种类和生长地的信息，农夫们要因地制宜，牧民们则必须对现有牧场的合理载畜量了然于胸；另外，也必须对棚屋和仓库的选址作出决策。当遭遇新的或困难的问题时，要请教村中长老们的意见，因为他们可能以前遇到过类似的问题，而且掌握了处理这些问题的最佳办法。若要上述事宜皆有效实施，人们就必须相互依存，谨守承诺。但是至今，在我们这个世外桃源般的社会里，没有统治者或被统治者，没有领袖或被领导者，也没有地主或农奴。就如约翰·保尔在六百年前英国农民起义爆发时所说的那样："当亚当耕地，夏娃织布的时候，会有谁称自己是贵族老爷呢？"

匮乏、请求、反请求和冲突

或许该是给我们寓言中的村子起一个名字的时候了，就让我们以其创立者的名字叫它亚当村吧。只要有足够的空气、水、食物和住所满足所有人的需要，就没有任何问题。当我们设想上述几样东西有一样短缺了，比如说食物。天不下雨，或者斑马迁徙走了，再或者村里人口的增加超过了自然的供给能力。第一次，村里的某些人不得不挨饿，并且，也是第一次，他们不得不面临如何分配短缺资源的问题。

在遭遇这次短缺之前，村里的人根本不需要考虑去指责其他人。在我们这个伊甸园里，人们安于狩猎、采摘、耕种、建造和做手工、哺乳和养育后代、收拾做饭，以及其他生存所需的事情。但是在这短缺的时期，情况就不一样了。特别是在最开始的时候，所有的人都在制造冲突的借口。尼姆罗德（猎人的始祖）提出，因为在危机之前，他和他的伙伴比其他人多猎杀了两倍的斑马，所以他们有权利在食物短缺期间获得比其他人多两倍的食物（后来被称为"按劳分配"）。亚伯沙龙认为，他在上树采摘果实的时候摔断了腿，因此，尽管他没有为提供更多的食物作出任何贡献，其他人应该在他受伤期间扶养他（"按需分配"）。如果这样的纠纷还不够多的话，该隐和亚伯就该出场了，他们因为一蒲式耳的粮食和一只羊而关系紧张，这个插曲最终导致了亚伯的死亡。

在亚当村，他们该如何处理这些问题呢？从根本上讲，他们有两个选择：竞争或合作。如果竞争，他们中最强壮者因夺取到了他们所需的食物而存活下来；其他人则缺衣少食，最终因遭受疾病困扰而亡——除非他们能团结起来，迫使强壮者控制他们的贪欲。从另一方面来看，如果他们相互合作，制订些计划，共享手头所有的食物，这样一来，他们所有人或者绝大多数人尽管可能会瘦下来，却都有了生存下来的希望。总体来讲，合作比不受控制的竞争更能给普通大众带来利益。通过广泛地分担苦难，其总的受害程度就能够被减少。

让我们现在设想：在此事件中，尽管经过了许多争论和变迁，我们的村子选择了合作并且存活了下来，而村里只是失去了亚伯一个人。斑马群之后回来了，雨也下了。村里的长老们深谋远虑，总结出了一条重要的经验。曾经发生过的事情有可能再次出现。如果真的出现了，对亚当村的人们来讲，明智的做法是提早做好应对这种灾难的各项准备。他们决定，不能等到危机降临的时候再去制订应对方案，而应未雨绸缪。比起萧条和困难时期，人们在繁荣年代更容易就切合实际的计划达成一致。为此，他们召集了一个全村会议，探讨解决问题的办法。

规则、法律和权利

他们说，最近的事件表明，在危机时刻，合作要比无序的竞争要好一些。因此，他们建议，村子应该制定一系列规则，用来分配任何以后有可能短缺的物品，如食物、水、建筑材料或者其他任何东西。他们必须考虑，到底尼姆罗德是对的还是亚伯沙龙是对的，或者他们都是对的。一旦意见达成一致，这些规则就要被视为对所有村民都具有约束力，假如短缺事件再次发生，任何人不得违反规则。任何人对短缺物品提出的请求，都必须这样处理：依照大家认可的规则对此个案进行裁判，请求人将获得其有权得到的物品——不会多也不会少。

在随后的讨论中，没有人对此原则提出任何尖锐的反对意见，因为它似乎是一个考虑周全的主意。接下来的议论集中在以下三个方面：（1）规则到底要说些什么？（2）谁来将规则适用于不同个体的请求？（3）如何确保所有人遵守规则？

在找到上述问题的解决方案之前，村里的人不得不再举行几次会议。最终，他们达成以下一致性的意见：

（1）规则将由一位猎手、一位采摘者、一位农夫、一位牧民、一位木匠和一位母亲组成的小组共同起草（男性主宰的局面已经开始形成了）。他们必须尽量预见到每一种可能出现的情况，并且确保他们制定的规则能够解决问题。然后，他们将这些建议提交到村里另一个会议修改或通过。当最后的规则被通过时，人们决定，为了表明这些规则所具有的约束力，它们将被赋予一个特殊的、或许是最贴切的名称——"法律"。

（2）假设这些法律的规定足够清楚和详细，则其适用不会出现问题。每项请求均可由村里的长老们依法裁判。但为确保他们获得公正处理，每项请求均应得到公开审理和裁判，所有村民均有权出席。

（3）在执行方面，有两种选择。一种是由村子授权其成员中的某一个人，确保每个人都会遵守法律，必要时可使用暴力。另一种方式是如果任何人被发现违法了，那么任何受到损害的人都可以自己使用武力获取任何他失去的东西；若其未能成功，整个村子可以要求违法者对其造成的损失作出应有的补偿；如果他拒绝了，他们能够再对他集体施压，要求其遵守规矩；如果这么做仍然不奏效，他们采用的最后一个办法是决定将其完全驱逐出村子，并分享其所有财产。在那时，没有任何一个人能够被放心地赋予第一种方式中的权力，因此，他们决定采用第二种方案。

在其中一个会议上，亚当问："根据我们的法律，一个有权获得支持的请求该叫什么呢？"他们思考了一会儿。最后，他们决定称其为"权利"。

《汉谟拉比法典》：现存世界上最早的成文法典

血亲复仇

与此同时，在没有任何自然灾害的情况下，另一个危及整个村子的安全问题出现了。当亚伯被害的时候，他已经拥有一个大家庭了，只他自己就有6个体格健壮的儿子，更不用说他妻子的兄弟们了。他们所有的人都痛恨该隐，并且要求村子对他杀害亚伯的行为予以惩处。但是该隐也有强大的后盾。他是当地农夫们的头儿，尽管他的团体中没有一个人认同他所做的事，但是他们迫于强烈的农夫们团结精神的召唤而在逆境中支持他，因为他过去常常帮助他们当中庄稼歉收的人。

因此，有段时间陷入了僵局。亚伯一家遭受的委屈得不到伸张，该隐却在一旁没有受到惩罚。几周后，亚伯家的男人们决定自己处理这件事情。一个黑夜，他们一起放火烧毁了该隐的房子和他本人。该隐的亲朋好友们咽不下这口气。在持续高涨的盲目愤怒情绪中，他们在亚当村里横冲直撞，搜寻他们能发现的亚伯家庭中的任何人，不论男的、女的还是孩子，为了报仇，见一个就杀一个。好在大多数人跑到丛林里躲起来了，只有少数几个遇难了。

这件事发生之后，亚当村分为了两派。在干旱、洪水、地震和瘟疫之外，生命中又增添了一个危险——被同一个社会里主张不同的另一方杀害的风险。这是历史上第一次，人们不得不在晚上的时候锁上门窗，派人把守，甚至在白天外出的时候，大多要五六人结伴而行。尽管已经如此小心、谨慎，却几乎每周都发生暴力死亡事件，并且接二连三的，不止一个人会在复仇中丧生。

当亚当村以上述方式损失了整整1/4的人口时，幸存者开始考虑，如果他们不想毁掉整个村子，就必须寻找到一个合作的途径。因此，他们又一次召集村委会，来讨论该做些什么。过去曾经决定，当出现自然灾害的时候，稀缺资源的分配必须由具有约束力的法律管辖。他们决定通过一个类似的决议来解决人为的危机。这里，他们又一次像以前一样面临同样的问题：谁来制定法律？如何将法律适用于个案？它们如何被执行？

鉴于他们过去对前两个问题的解答显得很得当，他们这次决定继续效仿以前的做法。法律先由村里代表不同利益的小组起草，在全体会议上讨论和通过，之后由长老们在个案中公开适用。但是这第三个问题，像过去一样，通过得有些勉强。为了避免后来的大规模流血事件的出现，当该隐杀害亚伯后，本应该给予该隐什么处罚呢？

支持亚伯的人有一个简单的解决办法：该隐就应该被杀，要么由亚伯的亲属来执行，要么由村里正式任命的人执行死刑。这样，事情也就算结束了。但是该隐那边的人提出了几点反对意见：

（1）该隐本该有机会通过给亚伯家适当的赔偿，或者将其所有财物都给亚伯家并自愿离开村子的方式，赎回他自己的性命。

（2）如果该隐被杀了，无论谁执行处决，该隐的亲友们的怨恨情绪必将导致更多的麻烦。

（3）如果有个人被指派代表整个村子正式执行死刑，他将变成村子里被授权处决自己同胞的刽子手。能否有人愿意将这样一个恐怖的权力授予他人呢？

这些反对的意见后来证明是有说服力的，特别是最后一项，因为村里的人非常不愿授予任何人剥夺他们生命的权力。为此，他们通过了以下决议：如果他们中的成员杀害了另外一个人，他可以选择给予受害者家庭全部的生命赔偿。如果大家对赔偿的数量或方式或者支付的时间存在争议，村里的长老们可以在公开的听证会上进行裁判。如果杀人者付清了所欠的一切，他的生命就不再处于危险当中，并且赢得了和平。但是如果他没有做到，那么他就是自绝于社会了。因为拒绝遵守法律，他就没有权利获得法律的保护了。受害者的家庭在不用担心被报复的情况下，能够杀掉他，他的财产将被剥夺并被重新分配给其他人。简单来说，他会被完全排除在社会之外了。

在所有这些都达成一致意见的那个会议上，亚当问到了另外一个问题："当一个人不受我们的法律保护时，我们该如何称呼他呢？"很快有人提出了一个显而易见的答案："罪犯"。

新来的移民

一天，一个新的家庭来到了亚当村：以赛玛利。他们操着一口异样的口音；他们做饭的方式完全不同；他们还有另外一些在亚当村村民看来奇怪的习惯，尤其是在服饰和礼仪方面。但是他们看起来很开朗，而且带来了一些新的技术，尤其是在与其他村落进行贸易这方面——亚当村刚刚与这些村落建立联系。因此他们受到了欢迎，并被邀请留下来定居。

不久之后，赛斯的仓库失火并化为灰烬。按照亚当村相互帮助的法律，所有其他家庭必须分担重建的包袱，并且从各自家庭的仓库中匀出一些东西给赛斯家。

这让以赛玛利大惑不解。"在我们来的地方，"他说，"就没有像这样规定的法律。损失都是由自己承担，其他人不需要分担"。

"或许是那样吧，"赛斯说，"但是我们这里有自己的法律,如果你想和我们生活在一起,你就必须遵守它们"。

"但是当你们通过那些法律的时候,我们根本不在场",以赛玛利抗议说,"我们为什么要受那些我们没有参与制定的法律的约束?"

这件事被提交给了村里的长老们处理。他们为此召集一个公开的听证会。赛斯和以赛玛利都各说各的理。但是以赛玛利现在有了另外一个观点:他从来没有接受过亚当村长老们的管辖权,更不用说,他们这样做只是为了维护自身利益,为什么要由他们裁决这个问题?毕竟,他被命令为赛斯家新仓库所作的任何贡献都会相应地减少赛斯家自己的付出。更有甚者,尽管他年龄合适,具备所有其他的任职资格,他却从来没有被推举为长老——他暗示说,这或许因为其他村民不喜欢他家做饭时飘出来的气味,或者他家女人们穿着打扮的方式。

长老们困惑了,但是他们了解了双方的观点。他们询问以赛玛利:如果他和他的家人在所有方面被当作村子里正式成员来对待,也就是说,假如让他当长老,在村委会中有发言权,或者他的所有家庭成员依照亚当村法律享有的权利将被得到充分的认可和尊重的话,他是否愿意接受亚当村的法律?

当以赛玛利征得了家人的意见后,他承认这是一个公正地解决问题的办法。因此,安宁与和谐再次降临亚当村。

2
神职人员与君主

我们的寓言是有用的，为我们提供了两个关键概念的轮廓："法律"是一个社会中对全体成员都有约束力的行为规则，"权利"是上述社会成员提出的、依法有权获得支持的请求。另外，我们已经对制定、适用和执行法律过程中的某些问题略知一二。但这不能构成对上述概念的严密论证——法理学（如今更常称为法哲学）领域存在大量相关著述。即便是该学科中最肤浅的研究，也会很快揭示："法律"和"权利"都是远比单纯的亚当村居民们已经能够认识到的更加复杂和充满争议的概念。但是在此，这个寓言描述的情况就足够用了——我们没有试图进一步挖掘，免得大家开始相信它真是历史上发生过的。

魔法与宗教

那或许会是相当危险的，因为亚当村只不过是一个幻想，而实际情况是非常不同的。我们没有证据表明在现实世界里曾有任何村落曾经像我们描述的那样制定法律。一个人可以希望他们那样做过，因为我们喜欢认为法律应当是理性的，并且为了得到普遍的遵守，应该由愿意受其约束的人们经过仔细的争论，获得普遍同意后制定出来。的确，这就是我们今天在代议制民主中所要努力实现的。

但是我们必须面对的现实是，就像政治哲学家洛克和卢梭为了支持其"社会契约"理论而创造的"自然状态"一样，亚当村仅是一个没有任何证据支撑的神话。我们对史前村落的全部了解有两个来源：仍旧生活在世界上偏远的地方的少数几个类似的群体，如东南亚丛林和亚马逊流域（Amazon basin）中；通过推断已经消失的文明留下来的有关他们公共事务的记录，如巴比伦人、亚述人、赫梯人、埃及人、犹太人、希腊人、罗马人、阿兹特克人、印加人、玛雅人，等等，我们能够猜想出的情况。

从手头的资料可以看出，原始社会法律的起源与宗教信仰体系的联系似乎远超过任何逻辑推理或公开辩论。法律是由诸神或者单独的上帝昭示的，并由他们的神职人员适用和解释。对法律的违反不仅是对社会普遍接受的行为规范的践踏，更是对神圣的神的侮辱和亵渎。过去，罪和恶很大程度上是同义的。当然，在这样的社会里，知识和信仰的概念不像现代的世俗社会那样被严格地区分开来。整个世界被认为是由强大精灵占据或统治着的，他们有些仁慈，有些邪恶。魔法和宗教因此涵盖了如今被划分为不同部门的范围广泛的知识体系，诸如系谱学、史学（包括神话学）和哲学（包括伦理学）——远不同于神学。因此，把法律和法理学也包含在此范畴内或许就没什么好吃惊的了。

但是不论何种原因造就了法律的宗教起源，它们当时都产生了一些重要的后果。一个是法律的**刚性特征**：假如它们最初是由上帝制定的，那么只有上帝能够修改它们——并且，由于上帝是永恒的，或者至少比凡人存在的时间要长久很多，因而不存在上帝应当修改法律的特定缘由。如果一项法律在远古时期被神圣地确定下来，如今不再适合社会已经变化了的环境，那是人类的错误，而不是上帝的错。人们不能期待上帝重新出现，并修改其律法以适应人类：该作出必要调整的是人类，而不是上帝。我们所能够期待的最好的情况就是由神职人员在一定程度上作出的渐进式的解释。他们通过自己的注释可以减弱法律的刚性特征，并随着时间的推移，慢慢地改变这些注释。

另一个相关的后果是法律的**神圣特征**。作为圣经的一部分，基于神圣的宣言，它们被赋予了特别的尊重和服从。它们神圣不可侵犯，超越了任何凡人的著作——常常通过以下形式表现出来：将它们镌刻在石碑（stone tables）上，如早期罗马人的《十二铜表法》，或者像犹太圣经（译者注：犹太律法）那样被写在羊皮纸上，并将这些保存和供奉在公共的圣地里。

第三个后果是这些神圣的法律赋予其保管人的**权力**：保管铜表或羊皮纸，并解释、适用其规定的任何人，分享着法律理应得到的尊重和服从；而法律的崇高地位又反过来通过其保管人的地位反映出来。

精神和世俗的统治者

除其他原因外，神职人员是早期社会里的重要人物。但是他们不是唯一的。那时如现在一样，战争是人类特有的弊病。村里不同派系的人相互争斗；村与村之间打斗不休；由

"摩西五经"，即传说是上帝在西奈山的山顶亲自传达给摩西的律法

许多村落组成的部落之间相互争夺。在战争问题上，和其他许多方面一样，拥有一个经验丰富的领袖便具有很大的竞争优势，因此，军事首领的行当或职业与神职人员的一样悠久。有时，两种角色由一人兼任，但多数情况下由两人分担。和神职人员一样，军事领导者在不同语言和不同地方的称呼不一样。如今，我们一般称其为将军。但是在过去的许多世纪里，最高军事领导人的作用相当于一个国王——社会当中的世俗而不是精神的统治者。

由国王统治的社会当然比单独的几个村庄要大许多。此时，除去少数存在地理障碍的地区，显然几乎是所有地方都出现了人类集聚的过程。独立的村落之间可能互相通商、通婚，但这种情况维持不了多久，它们便会彼此交战、互相杀戮。迟早会出现一个统治者，试图将许多村落置于其统治之下（通常会利用村落间的争端达到这样的目的），并极力在他的主权或领地的范围内维持和平。如果他做到了，此前深陷战争的人们通常会心存感激，并且因此支持——或者至少是容忍——他的持续统治。但是，他迟早也会与相邻的统治者交恶，他们都企图将对方的领土据为己有。最终，由于地理环境特征的影响，这一局势逐渐稳定下来。在海岛或山区，较小王国的统治者能够成功地抵御邻国的侵略。在大多数陆地平原地区，大多数情况下，只有地盘较大的强大统治者才有足够的力量和资源对抗掠夺性的侵略者。即便是这样，平衡常会被边境冲突打破，有时甚至是战争。但是有些时候，个别国王变得非常强大，以至于他能够将领土扩展到更广阔的区域。于是，他倾向于自称为皇帝。

　　在上述对于非常复杂的历史进程所作的简单和高度概括的总结中，我们使用的一直都是过去式的表达方式。但是引起这些发展的因素不是仅仅存在于历史当中——它们今天仍与我们同在。法律依然比其他社会制度更严格；改变它们仍然需要耗费很多时间和精力；并且法官不得不经常解释它们以适应新的环境。它们继续散发着神圣的气息，需要被尊重和服从；它们的保管人也是如此。在许多社会里，神职人员仍然拥有权力和影响力。各个社会团体间仍然彼此交战，其统治者仍然是因掌握军事领导权而获得权力的人，比如，现在许多拉丁美洲国家和一些亚非国家。岛国和小的山地国家仍然保持着独立：英国和瑞士等少数几个西欧国家在第二次世界大战中免于被侵略，斯里兰卡、马达加斯加和尼泊尔也都是独立的国家，尽管锡金已不再是了。欧洲北部、印度北部和中东的平原地区见证的重大的战争还历历在目，武装冲突持续至今，并且不止一个强大的帝国仍旧存在。

随着王国和帝国的发展，现在让我们将目光转向它们**内部**的事务。在意识到这些发展不仅限于过去后，我们能够将时态转到历史的今天。我们能够借此机会给被称为国王、皇帝、沙皇、莫卧儿皇帝、土邦主、公爵、伯爵、男爵、侯爵或其他任何的世俗统治者一个通用的名称。拉丁语**领袖**(pinceps)字面上的意思是"排位第一的人"，从中派生出的不仅有形容词"首要的"（principal），还有名词"君主"(Prince)。从中世纪早期到19世纪末期，当人们讨论世俗统治者的职能、权力、权利和职责时，特别是在国际法语境下，该名词被当作是对他们的一个通用称呼而得到广泛的使用（不仅被马基雅维利使用）。为此，就让我们遵循先例吧。

佛罗伦萨的马基亚维利雕像

拥有国家主权的君主

如果想要保持政权，一位君主必须至少能维持他所统治的领土的内部和平，因此，这是其居民容忍或支持他的统治而不是推翻他的主要条件。为了做到这些，他必须首先建立或得到一种**垄断的武力**——这正是亚当村的人们非常不愿意赋予其任何一个成员的东西，他们仅有的对违反法律的救济手段是自助，或集体施压，或者采用最后的手段将违法者驱逐出村。一位君主必须尽力做得更好，他能办到的最有效的手段就是在其领土内建立起一个中央集权统治的体制，由他控制的官员来掌管。这样的机制将为稳固他的政权而达到双重目的，用那种权力维护其领土上民众间的和平，满足所有社会对"法律和秩序"的需要，并由此赢得他们的支持。所有"破坏和平"的事都要由君主本人或他自己的官员来处理，而不是简单地采用仇杀、争斗、争吵和放逐的方式。但是我们的推断是，只有他和以他的名义行使权力的官员被允许用武力维持和平——以前的自助和放逐措施必须被废除，个人不再可以"自我执法"。

如今一位将其他许多团体归于自己统治的君主将常常发现他们的法律相互不同。当他们属于同一种宗教和文化时，差异可能小一些。但是当君主的领土扩展到容纳了以前边界之外的团体时，宗教和文化的差异逐渐增大，并且很可能法律也是如此。到一定程度上，君主的官员们可能在领土的不同地区适用不同的法律，但是这么做会带来很大的问题。正如我们在以赛玛利案中所看到的那样，如果一个君主领土内的居民在君主的另一个管辖区域内做了一件事，这件事在其所归属的地方完全合法，而在其行为地不合法，该怎么办呢？君主们因此决定在他们的管辖范围内适用单一的法律——像中央垄断武力一样，这也有利于鼓励不同的地方像一个公国的各部分那样相互团结起来。

建立垄断武力和单一法律体系的中央政权的主要动机是巩固君主的权力，并且君主最不能容忍的是对其权威的挑战。不论在其领土之内还是之外，每一位君主最充满妒忌地追求和守护的是他的自治权——不受那些想要将他们的意志强加给他的人们的控制。后来，这种至高无上的价值被称为"主权"。当统治者能够在其管辖范围内行使权力的时候，他们还不是真正地独立了，因为他们受制于一些比他们更强大的统治者的干涉。消除这种羁绊并变得真正至高无上的野心无时不在。一旦达此目的，他们不顾一切地想要实现的目标是维护自己的统治，并且如果可能的话，将其领土扩张到可称帝国的程度。（在这些方面，他们所表现出来的素质与许多一般人别无二致。）

随着时间的推移，主权的概念普遍成为独立国家的治国之道和国际事务等所有概念的核心。这些国际事务——主权君主之间的关系，战争还是和平——也逐渐形成了一些行为规则，并最终统一成为一个单一的国际法体系，甚至为拥有主权的君主施加一定的限制。但是，这经历了很长的时间。与此同时，还有其他的一些限制，下面我们将更仔细地考察。

3
君主与臣民

在建立垄断武力取代自助和放逐的过程中,以及制定单一法律以在其所有领土范围内维护统治的过程中,我们的君主已经做了很多。他已经取代上帝成为法律的制定者,取代神职人员成为法律的解释者,取代集体成为法律的执行者。简而言之,他已经成为所有法律和正义的源头。这正是在罗马帝国曾发生过的事,并且在许多其他公国都发生过——直到1655年,法国国王路易十四仍旧能够在其掌管的政治体制内肆无忌惮地声称"朕即国家"。

著名油画《拿破仑一世加冕大典》忠实记录了1804年拿破仑皇帝要求罗马教皇庇护七世亲自来巴黎为其加冕,借教皇在宗教上的巨大号召力,让法国人民乃至欧洲人民承认他的"合法地位"。在加冕时,拿破仑拒绝跪在教皇前让庇护七世加冕,而是把皇冠夺过来自己戴上。

对君主的限制

但是君主们并非独自生活：他们要与那些他们称之为臣民的、接受他们统治的人生活在一起。如果**所有**这些臣民表达了一种推翻他们的统治者并另立他人的集体愿望，那将势不可挡。如果君主想要维持他的统治，那么他就不该将其所有臣民，或者是其中的大多数，特别是较强大的那部分人，当作自己的敌人。不论他的统治多么专制，其存续根本上依赖于其臣民起码能够消极地接受这样的统治，并且最好是至少其中的一部分能够积极地支持。那就意味着君主要在其所统治的利益群体之间挑拨离间，并且至少让其中某些群体的特定利益依赖于自己的长期执政，以此将他们与自己结合在一起。君主们需要善于玩弄这种权力游戏，有时美其名曰治国之道。那些掌握了必要的政治手腕的人容易长期执政；那些失败的人则面临被推翻的风险。

一位君主固有的支持者一般是那些最初辅佐其登基的人。若君主是一位在战争时期执掌权力的军事领导者，那么他会发现他的主要支持者是自己的部下。比如，罗马皇帝常常出自军队，假如他的政策得不到他们的认可，他或许会被自己的部下推翻。之后不久，处于地势平坦地区的国家的农业和军事组织造就了封建体制，在这里定居的人们没有任何自然屏障的保护，只有当某个人有权力号召他们应征入伍，并为他们提供武器、带领他们冲锋陷阵时，他们才能抵御侵略。一个封建国王要做到这些，就要通过权力下移的金字塔：他的下属——公爵、伯爵、男爵和骑士们——从他那里直接或间接地得到土地，作为回报，他们必须宣誓效忠于国王，不论何时接到捍卫王国的皇室命令，他们有义务从其个人资产中拿出钱来募集并装备一定数量的士兵——这后来演变为"为国王和国家"而战的口号。

我们早就看到，在领土范围内实施一套单一的法律对君主而言再合适不过了，而这些领土在最初被君主征服时存在着多样化的法律。公元11、12及13世纪，英格兰诺曼王朝、安茹王朝和早期的金雀花王朝早期的国王们采用的策略为这一过程提供了一个重要的例证。作为诺曼底公爵，征服者威廉在很大程度上成功地摆脱了他名义上要效忠的、软弱的法国国王的统治。当他被加冕为英格兰国王时，就下定决心不允许他自己的伯爵和男爵这么做。在那个时代，土地是财富的主要形式和来源，因此，负责裁决土地争议的人掌握着巨大的权力，因为他能够通过为争议资产确权来获取支持。英格兰国王威廉一世为巩固政权所采取的首要措施之一就是确立王室对所有土地争议的管辖权：这样的争议不再由地方的伯爵或男爵裁定，而是被当作"王室"（royal）诉讼由国王自己的法院受理。[在诺曼时期的法国，"王室"（royal）一词在法语中写作"réal"，因此，我们现在仍然讲"不动产"（real property），在北美则为"地产"（real estate）。]的确，在即位后不久的几年里，威廉国王为了审理和裁判地方上的土地争议而经常在自己英国的领土上巡回，但后来他任命了一名皇家高等法院法官替自己做这些事。

英国领土范围内的不同法律大多源自盎格鲁-撒克逊人和丹麦人带来的早期法律，威廉一世继任者的主要任务之一便

"征服者"威廉雕像

是把它们融入一个单一的法律体系中。因为法律的刚性特征，这项任务甚至花费了强大的国王们整整两个世纪的时间才得以完成，主要是通过任命皇家高等法院法官（这一时期有多名），让他们在王国"巡回"（on circuit）适用不同地区的"普通"（common）法律，并逐渐停止适用国内各地区各自不同的法律。于是，正是因为这个原因，历尽艰辛建造起的法律大厦被称为"英格兰普通法"（the common law of England）——在英格兰国王领土范围内统一执行的一套单一的法律，既巩固王权，又使该国不同居民以它为中心保持团结。

几个世纪后，英王的领土开始向海外扩张，直至世界上一些非常遥远的地方。但是威廉一世及其早期继任者留下的教训并没有被遗忘：不论英国人到了什么地方，作为殖民者或是征服者，他们都带着他们的普通法。因此，许多现代国家的法律体系仍旧建立在普通法的基础上——的确，只有罗马法是一个当今世界上可与之相比的法律体系的重要渊源。

大英帝国当然不是唯一的。在它之前，曾有许多其他的帝国：在古代，有巴比伦和埃及法老们的数个帝国、阿卡美尼德王朝统治下的波斯帝国、亚历山大大帝统治下的马其顿帝国，以及所有帝国中最负盛名的罗马帝国；此外，还有那些阿拉伯人、蒙古人、土耳其人和莫卧尔人的；其他几乎与大英帝国同时存在的由葡萄牙人、西班牙人和荷兰人建立的海上帝国，后来被法国人和德国人紧随其后；在陆地上建立的帝国包括俄罗斯和中国。它们的共同之处在于，由一位君主统治着包含不同民族的领土，而这些民族的语言、文化和法律与君主家乡的完全不同；并且君王发现，为了维护其领土内部的和平及统治，有必要对这些民族适用一套单一的法律，集中管理，并使用唯一的垄断武力予以执行。

回到英格兰的威廉一世，像他这样一位拥有国家主权的封建君主，其权力主要依赖于他直接的下属——中层领主们，除非他能够满足他们的利益，不然，他新获得的王位将始终处于危险之中。在另外一场英明的改革中，从自己的利益出发，他试图破坏这样一个不稳定的体制。在1086年，他在索尔兹伯里平原上召集了其王国中所有的自由地产保有人——其中包括各色人等，低至自耕农，而不只是贵族们——并呼吁他们，以塞勒姆（如索尔兹伯里当时被称呼的那样）的名义，直接向他而非他们的中间领主们宣誓封建效忠。

但是利用僭越封建贵族的方式来削弱他们权力的企图并不总能持续很久。如果贵族们能够长久搁置争议并形成一个对抗国王的统一阵线，他们仍旧能够逼迫他给予极大的让步，就像著名的大宪章那样：英王约翰于1215年被迫签署，且不论文件内容是否有所增加，其继任者多次被要求予以确认。我们很快便会再说这份文件，但我们首先还是来看看中世纪天主教会的神职人员能够向君主的绝对权力施加的一些限制。

"恶法非法"

由于法律的功能之一是规范权力的使用，因此，从理论上来讲，没有理由认为法律不可以被用来约束一位君主的权力。但是，这里有一个现实的问题：只要君主本人是所有法律的最高制定者、解释者和执行者，那么他为什么要自愿地制定任何束缚他自己权力的法律呢？即使他这样做了，谁来解释和执行这样的法律，并且怎样才能防止君主在任何方便的时候，逃避或者甚至废除它呢？简而言之，我们能否找到任何一套具有如此崇高的地位和权威的规则，以至于它们将对君主们产生约束呢？

只要法律仍旧紧密地保持与宗教信仰体系的关系，那么问题就不太大，因为即使是君王，他的地位也低于神，因此要受到神法的约束。在古希腊，一个世俗的统治者违抗诸神之法的行为是一种**傲慢**，在一定的时间内将会受到**报应**的惩罚。旧约里的先知们经常批评那些没有执行上帝之法的世俗统治者。在后来的罗马时期，**万民法**（jus gentium）——罗马人发现的，为其不同臣服民族的法律体系所共有的那些法律——由于体现了一些普遍的价值而博得了很高的尊重。在后来的中世纪里，欧洲各国的最高统治者都是信仰基督教的君主，他们登基要有一个仪式，其中包括宣誓在上帝的引导下、依照上帝之法统治国家，整个仪式直到他们被正式地加冕，并且被按照惯例施以涂油礼后才算完整。

《民法大全》（Corpus Juris Civilis），又称《查士丁尼法典》或《国法大全》，东罗马帝国皇帝查士丁尼一世下令编纂的一部汇编式法典，是罗马法的集大成者。

解释神法仍旧是教会的任务，教会因此宣称有权决定君主们立法权的终极界限。的确，11和12世纪里，巴黎和博洛尼亚的新式大学里的教会法学者在此领域作出了极大的贡献。他们基于神法〔后来，圣托马斯·阿奎那将其与**"自然法"**（natural law）等同，自然法源自罗马人的"自然法"（ius naturale）概念，而这一概念本身又源自**万民法**和斯多葛派哲学家的著作〕，提出了一条具有重大意义的法律格言：**恶法非法**（lex injusta non est lex——an unjust law is not a law）。

合法性、正义与正当性

上述格言中蕴含着几个非常重要的概念，因此，我们必须暂时停下来更进一步地解读它们。人们总是强调**合法性**：一旦有一部法律，它必须得到遵守；合法的行为是正当的，而不合法的行为是邪恶的。并且，任何可能会给其他人带来重大影响的行为**应该**受到法律的规制，这样，我们才可以知道什么是合法的、什么不是，并能在我们对他人合法行为预期的基础上，决定自己要采取的行为方式。但是在这里，头一次，我们遭遇到了令人吃惊的命题，即一部法律可能根本不是法律——这并不是由于它没有按照规定的程序制定，或者没有被正式颁布，再或者由于一些程序上的缺陷而无效，而是因为它不符合其他一些较高一级的标准：**正义**的标准。格言告诉我们的是，当一部法律看上去是**合法**的时，但它可能并不是**正当**的，并且这样一个缺陷对它来讲将是致命的。

如今合法性是所有政府成立的基石。如果一位君主不是以合法的方式取得王位，那么他就只是一个篡位者并且可以被合法地推翻——的确，其正当性的缺乏本身便为推翻他的企图以及那些采取冒险措施的人们赋予了正当性。教会告诉我们说：如果一个君主制定了不公正的法律，那么它们根本就不是法律，我们因此不需要遵守它们——这是削弱君主统治基础的一种颠覆性观点。

那么究竟什么是一部"恶"法呢？对于最初创造格言的教会法学者们来讲，它是一部不符合神法的法律。但是正义的概念已经远远超出了神的正义的范畴：它是一个根深蒂固的人的价值，用于处理人类之间范围非常广泛的事务。Justum 在拉丁语中的意思是"正当的"和"正义的"，因此，正义暗示着要正直、刚正、适当、诚实、公正、公平、平等、不偏不倚、均衡，以及许多其他类似的做法。甚至直到今天，我们仍旧将其作为衡量任何一部法律是好的或坏的的终极测试标准——如果它在个案中导致明显不公正的结果，那么我们就倾向于谴责它并要求对其进行修改。

因此，在那些中世纪教会法学者看来，一旦我们能够就什么是公正达成一致意见，那么我们就能验证一位君主的法律，甚至其统治是否具有正当性。至此，我们就该探求能否就什么是公正达成一致的意见。

臣民的自由

于 1215 年迫使约翰王签署大宪章的贵族们，可能更关心他们自己的利益，而不是法律的正义。但是，那些利益似乎已经包含了对其他许多臣民之权利和自由的关心，以及对合法性和执法的担忧。比如，大宪章其中一条规定如下：

> 如未经同级贵族的合法判决，或依本地法律，任何自由人不得被羁押或拘禁或剥夺财产、放逐或受任何伤害；我们既不能对他宣判，也不能对他

定罪。

而且,

> 我们不向任何人兜售,也不否认或延迟任何人应获得的公正和权利。

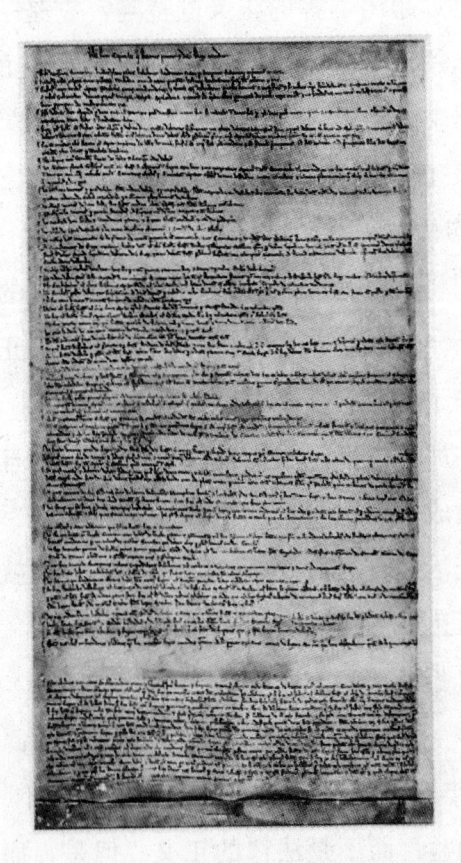

1215 年大宪章文本,现存于大英博物馆

当爱德华三世在 1354 年重申大宪章的时候,他认为,无论财产或条件如何,任何人除非**"经过正当的程序"**(拉丁文 "per due process de ley"),否则不应受到伤害。从此产生了伟大的"正当法律程序"的概念——一个无可争议的公正的核心理念——后来成为人权大厦的基石。

当我们步入欧洲中世纪晚期，王室和教士权威的转折点出现了，同样昭示了未来国家政治架构的转变。一个被普遍遵循了几个世纪的单一的西方基督教信仰随着宗教改革最终被瓦解了。在此之前，文艺复兴运动已经对世俗思想产生了重要的冲击。得益于此，君主们逐渐能够对抗教会了。比如，英国的亨利八世不仅为自己量身订制了法律，而且通过任命自己为英国国教领袖这一简单的权宜之计，成为法律公正的唯一裁决人。

但是到了1581年，在西班牙国王腓力二世统治下的一群荷兰臣民召开议会，表达了一个更加革命性的观点，即：

> 上帝造人，并不是要让人民成为国王的奴隶，
> 不顾对错地去盲从他的命令，而是要让国王服务于
> 民众的利益，做不到这些，他就不配做国王。

很明显，腓力二世的治国之才在佛兰德斯地区受挫了。但是誓绝法案不只是一群心存不满的利益群体的抱怨：它是君主统治下的臣民对其统治合法性的一次挑战，并且这种挑战很快就蔓延开了。其中一个得以验证的地方又一次落在了英格兰，在此后的一个世纪里，宗教、经济和社会因素交织在一起，引发了一场内战，臣民组成的议会砍掉了君主的脑袋，并且最终摧毁了斯图亚特王朝坚持作为其统治合法基础的"君权神授"。

从两个层面来看，这的确是一场革命。君主的臣民们竭力与其对抗，并且获胜了——不仅在战场上，而且在他们的

心智上都大获全胜。的确，他们又推举另一个国王来统治，但是这一次，并自此之后，完全是出于他们自己的选择和容许。在另一个重要的文件——1688年的英国权利法案中，就像1215年约翰王的贵族们那样，那些获胜的臣民提出，他们的君主此后不得践踏而是要时刻维护他们神圣不可侵犯的"古老的权利和自由"。这个文件明确地建立在以往国王虚假的正当性违法的基础上，它指出，"凡未经议会同意，以国王的权力暂停和适用法律的权力**是非法的**"。同样的，以国王的名义采取的以下行为也是不合法的：废止法律，设立非常规的法院，未选任陪审员，施加过度的保释金和罚金，判处"残忍和异乎寻常的处罚"。

至此，以下章节的基础都打好了。法律公正与否，一个君主的统治是否正当，此后甚至都要由声称有权推翻他的臣民们来决定——并且他们已经表明，如果他们愿意，他们就有权力这么做。主权正开始从君主手中转移给人民。

4
臣民和国家

随后的一个世纪，18 世纪，见证了理性和启蒙时代的汹涌澎湃。自然科学的进步以及随后的思想从长期教条中的进一步解放，促使源于文艺复兴、盛于宗教革命的社会变革充分成熟。英国革命及主要哲学家约翰·洛克的观点引起了人们的极大的兴趣，尤其是在路易十四的继承者仍然主张依君权神授进行统治的法国。在这里，卢梭基于洛克和现代国际法之父格劳秀斯的思想，甚至发展出了更加极端的革命政治理论，即统治者只能将其权力构建在与其臣民签订的一个"社会契约"的基础上，该契约既给他附加了义务，同时又赋予他权力。卢梭认为，主权意志只能是人民的"普遍意志"。另一个法国人孟德斯鸠研究了新英国——严格地说，现在的不列颠——的政治体制，并就此在《论法的精神》（法文为 *L'Esprit de lois*）一书中建立起在政府的三项主要职能——制定、适用和执行法律——之间"分权"的观点。他主张，这三项职能中的每一项都必须由一个单独的机构来履行——一个立法机关、一个司法机关和一个行政机关——并且这些机关相互间都必须是独立的。这种观点并没有确切地反映出英国当时的实际情况，但是它深刻地影响了随后直至那个世纪末发生的一些重大历史事件。

人/类/的/法/定/权/利

洛克（1632—1704）　孟德斯鸠（1689—1755）　格劳秀斯（1583—1645）

美国和法国革命

上述事件是同时代发生的法国和美国革命，每一个都是以一个民选代表管理的共和国取代了先前的世袭君主的统治。但这并非独创，之前曾经有一些早期的共和国：在古代出现的希腊各城邦国家以及罗马共和国，再后来出现的瑞士、威尼斯和荷兰。过去从来没有做过的就是将一个全新国家的全部基础庄严地载入一个叫作宪法的文件当中，据此规定产生了按照孟德斯鸠的理论予以完全分离的所有政府权力和职能。这种典范在后来的一个世纪里被其他许多国家纷纷效仿，甚至那些保留了世袭君主作为它们名义上统治者的国家，也开始通过成文宪法的形式限制国王的权力，并就此削弱他们的地位，使之成为立宪君主。如今，按照宪法理论来看，已经没有剩下多少专制的君主了——现代的民族国家已经取代了它们的位置。

但是美国和法国革命产生了另一种创新，对我们来讲甚至更重要：在国家层面首次正式地列举和定义了个人的权利与自由，并且成为新国家的根本基础。在法国，它以1789年

《人权和公民权宣言》的形式呈现出来；在美国，则是表现为1791年宪法所附的人权法案。这两个文件包含了法律面前人人平等、法律的正当程序、免于任意逮捕和羁押的自由、免于无理的搜查和没收的自由、无罪推定、公正审判、结社、言论、良心和宗教自由，以及享有财产的权利。这两个史无前例的文件，对后来发展起来的人权理论以及确保尊重它们的实践产生了普遍的影响。

1789年《人权和公民权宣言》

男人的权利

上述两次革命都需要在个人和社会之间正确的法律关系上构建一种新的理论。只要神法能够为任何一部世俗法律的公正性（以及合法性）提供一个被普遍接受的参照系，那唯一会产生纠纷的问题就是神法的内容和解释了。那是一个人们熟悉的程序，被教会法学家很好地解决了。的确，那会存在一些纷争，但是至少争论者都是从共同的前提出发的。但是随着文艺复兴和宗教改革进入理性时代，这些共同的前提破碎了，人们开始寻找衡量公正性的新事物。再一次，自然法被格劳秀斯和洛克的著作唤醒，并施以援手。但是，它这次以"自然法则"的形式出现，这样就不被看作是我们周围世界里神秘的天启，而是由叫作自然历史、自然科学或者自然哲学的新的学科予以揭示。

这种探索是认真的，被许多人追求了很长一段时间。但是在对物质世界心平气和的研究里，我们很难像对物理那样，为一个道德维度或者任何自然法则寻找证据，说明什么是对的或公正的。因此，当美国独立宣言的起草者们受此问题困扰的时候，他们发现自己还是要仰仗上帝："人人，"他们声称，"生而平等，**被他们的造物主**赋予若干与生俱来的权利……"但是，他们以动人的坦率方式引入那样的声明，承认说"我们认为这些真理是不言而喻的"——那就是说，我们坚定地相信它们，我们对其真实性深信不疑，但是我们实际上不能从任何单独可查明的先验事实里获取它们。（托马斯·杰斐逊在他的原稿中，指出这些权利是"神圣的和无可争辩的"，而没有援引造物主的名字。）法国人也"在上帝面前并在他的庇护下"起草了他们的宣言，援引了那个权威的解释说，"在权利方面，人们生来是而且始终是自由平等的。"

但是不论他们的前提多么不可靠，美国和法国革命的

第一部分　规则背后的故事

大陆会议期间，五人小组上呈大会其成果

伟大文件的内容都与包括大宪章和权利法案在内的先前所有的文件有一个根本的不同：这些不再是反映了不同利益集团的斗争，从一个心不甘情不愿的君主那里获取的妥协。这些文件是历史上第一次出现的基本权利和自由的一目了然的清单，那个时候被叫作（男）人的权利，被当作是所有人单单凭借其人的身份而与生俱来的，并且是不可被剥夺的——就是说，正如普遍的权利和自由那样，不在任何人权力的掌控之中而可以被随意赋予或剥夺。那是人权概念发展过程中最大的一步，而且历史证明了一旦迈出这一步就无可挽回。

　　美国人和法国人都将他们的权利清单牢固地确立在其新政权的基础上，将它们写入凌驾于一切事物和人（包括由新成立的立法机关制定的法律）之上的成文宪法中。在此，在这个新的世俗时代里，宪法取代了神法或自然法的地位，来检验一部普通的法律是否公正因而是否合法：只有当宪法允许的时候，立法机关才有权力制定法律。不是说假如它是恶法就是非法的,而是说一部法律如果违反宪法的话,就是不合法的。并且,不是让教会决定前一问题,而是由宪法将后一问题交由一个司法审判机关处理——在美国,就是(联邦)最高法院。

在随后的世纪里,许多其他国家模仿了这种做法。当它们起草宪法的时候,在其中囊括了他们自己拟定的人权清单,各不相同地考虑到其地方特色,建立了宪法法院或最高法院来检验其法律的合宪性。因此,通过这些宪法和依据宪法而制定的详细的法律,以及国内法院对两者的解释,在许多国家开始孕育出了一个新的法律集合体,依名称不同而被叫作公民权利法或公民自由法,实际上涉及的是国家和个人之间基本的法律关系。如今,这可以被恰当地称作国内(与国际相对)人权法。从这层意义上讲,美国最高法院是世界上第一个人权法庭。

社会主义

作为一个首先影响英国人,转而影响美国人和法国人的重要因素,革命曾是"资产阶级的崛起":不是从土地,而是从贸易,后来从制造业中积累财富的一个新的阶层的人们逐渐获取经济权力。在这些革命中,该阶层的成员自然会很关心扩大和巩固**他们的**权利。但是,就像约翰王的男爵们那样,那不是他们唯一的顾虑,因为他们声称,新的自由不仅要赋予他们自身,还要赋予所有的公民(这个概念当时在美国排除了奴隶,在法国排除了妇女)。在19世纪里,工业革命席卷了欧洲大部分地区,它所带来的经济变革比以往任何时候的都要深远。尽管它极大地增加了社会的总财富，但至少在一开始的时候，它是以非常不平等的方式完成的。在那个阶段，它的一些社会影响，特别是对个人劳动力的剥削，完全是可耻的，而在英国造成的影响被恩格斯、狄更斯等人生动地记录下来。他们引发了一条新的政治道路的发展，即社会主义，法国的蒲鲁东和英国的马克思①作出了巨大的贡献。

马克思与恩格斯　　　　狄更斯　　　　蒲鲁东

从某种意义上说，钟摆那时开始往回摆了：17和18世纪的自由派人士曾经一直思索要挣脱专制统治者的束缚，因而明确表达了权利请求不受干涉的要求——也就是说，从根本上讲，政府应当将权利请求置于一旁，不闻不问——19世纪的社会主义者当时要求的正好相反，即政府必须积极干涉以挽回社会和经济权利的不公正。至少在欧洲，随着许多斗争包括1848年未果的革命以及工会最终取得法律认可的大获全胜，他们的要求逐渐地获得满足：首先以工厂立法和其他劳动法的形式出现，等到了我们这个世纪越来越多地出现了

---

① 因马克思晚年一直在英国伦敦工作、生活，最终病逝于那里，安葬于伦敦海格特公墓，所以此处记为英国。

医疗保健、养老金、失业救济金和社会保险机制。这些斗争的胜利大多归功于那些参与者的团结，常常需要个人为了谋求集体的福利而作出巨大的牺牲。的确，集体主义从一开始就是社会主义的一个显著特征。第一个公然声称自己是社会主义和完全的集体主义国家的是1917年在列宁领导下建立的苏俄。

与此同时，随着人们良心发现，认为在生产过程中对人类不受任何限制的剥削是罪恶的——不只是受到教皇利奥十三世在1891年发布的《新事通谕》的影响——许多从形式上来看一点也不像社会主义的国家也扩充了它们的宪法规定，增加了需要政府当局主动介入的权利，而非单纯的不干涉。

功利主义和实证主义

因此，逐渐地，"基本"权利和自由的概念流行起来，它们既享有超越一般法律的地位，同时又为它们的正义和正当性提供了一个检验标准。等到了20世纪初叶的时候，它已经深深植根于世界上许多主权国家——虽然在它们的殖民地内经常未能贯彻，甚至在国内有时也未能实施，但至少出现在了它们的宪法理论中。但是，它不是没有遇到任何对其不稳固的理论基础表示质疑的批评者。

比如，功利主义哲学家们认为，共同利益存在于为最大多数人实现最大的利益，这为社会政策的公正性提供了唯一有效的检验标准。因此，他们没有时间顾及源于自然法的权利观念。例如，在杰里米·边沁看来，自然权利只不过是一派胡言，并且"自然和不可剥夺的"权利是用词考究的胡言乱语。在一般哲学和法哲学领域曾经有段时间流行"实证主义"学说，后期有种观点认为，讨论任何不能凭经验证明存在于外部世界的事物毫无意义。因此，根据这一理论，人们真正可以谈论的权利只有那些能够被实际执行的权利：假如某个法院为你提供了救济，那么你在那个地方享有权利；如果它没有这样做，说明你享有权利就真的毫无意义了。这种观点的支持者至少有一点是对的：只要一个人需要仰仗上帝或者自然或者道德或者不证自明的事物来支持人权的主张，那么假如他与某个不相信上帝的人争论，与认为在自然世界里没有人权的人辩驳，与将道德建立在不同原则基础上的人争辩，以及与否认任何不证自明命题的人讨论，他一定会发现自己的基础不稳。

杰里米·边沁（1748—1832），英国哲学家、法学和社会改革家。他是最早支持功利主义和动物权利的人之一。

实际上，不论是功利主义者还是实证主义者，都不否认道德请求，他们在一些场合里也不否认这些请求应该被转化成法律上的权利。但是他们怀疑在上述过程完成之前，用"权利"表达这些请求是否合法。正如我们将要看到的，有些人后来将其与国家主权学说相结合，为了一己私利利用了这种猜疑。

国家主权

在19世纪，民族国家是伴随着国家主权理论一起成长的。正如我们所看到的，那种理论植根于君主对自治的渴求。就像臣民们要求在他们私人领域内不受他们的邻居，甚至他们的君主或国家打扰那样，君主们要求取得不受其他君主干涉的权利。的确，他们经常不得不处理这些问题，就如同臣民非要面对其他臣民那样；随着时间的流逝，这些长期的交往催生出一系列行为准则，并最终形成国际法。但是，和他们的臣民一样，当涉及他们内部事务的时候，君主们无法容忍任何的干涉。当面对所有其他的君主时，每一个君主在其管辖范围内都要主张绝对的主权。因为这符合所有君主的利益，他们都愿意彼此谦让一下，因此这很快成为一种"国际习惯"——国际法的第一个渊源，我们将在第二部分作更加详细的介绍。

法学理论最终将王侯主权概念分成两个部分。第一个被称为领土主权，表明君主在其物理区域内的排他控制。第二个被称为他的属人主权，显示他对其臣民的排他控制，不论他们在不在他的物理区域内。比如，一个试图推翻君主统治的臣民会被处以叛国罪，尽管他所采取的各种行为在君主管辖的领土范围之外——因此，为了保护他们所有人的利益，经过各位君主的同意，这个君主被赋予一定程度的域外管辖权。由此类推，如果一个君主对另一个君主的臣民造成了伤害，就构成了对另一个君主属人主权的冒犯，另一个君主享有抗议和寻求赔偿的权利——不是为补偿对他的臣民造成的损害，而是为他自己。紧接着，国际法上的主体——国际法的适用对象，也即根据国际法享有权利、承担义务者——当时是各个君主国家以及后来的民族国家，而再无其他。一般人在那个时代只能是君主和国家的臣民以及国内法的主体；他们不能成为国际法的主体，或者在那种体制下要求任何权利。

随着这些概念的发展，它们带来了一些重要的后果。一旦认为一个君主能够对发生在他辖区之外的行为行使司法管辖权，那么所谓的"国际法上的犯罪行为"就该出台亮相了，也就是说，对犯罪行为的惩罚由君主而不是行为发生地行使管辖。一个最明显的例子就是公海上的海盗行为：因为发生在公海上，所以任何抓捕海盗的地方都可以对其予以惩处。（这一状况已经被所谓的纽伦堡原则扩展到战争罪和反人类罪，并且被后来的国际公约扩大到种族灭绝、种族隔离、对外交官的绑架、劫机，以及新近出现的与核材料有关的犯罪行为。）

又一次，随着时间的推移，对君主臣民的伤害致使君主自身蒙受伤害的理论导致一项国际认可的**侨民**待遇最低标准得以发展，要求每一个主权国家依据其国内法的规定，对他们的生命、自由和财产予以保护，司法裁判机关给予他们妥善的待遇。这就产生了一个颇为奇怪的结果：在国际法中，在面对侨民们的时候，君主有义务应该尊重至少一些今天所谓的人权，而与此同时，他们却不承担任何尊重他们自己的公民的义务。

简言之，几个世纪以来，这一直是一个不争的信条：一位君主或许不得不向另一个君主承诺对其臣民提供一定的待遇，但任何君主对待其自己的臣民的方式则完全是其主权范围内的排他事项，任何企图影响他对待自己臣民的图谋可以被当作是对他属人主权的干涉（对主权国家内部事务的非法干预）而予以正当的拒绝。

人道主义事务

和以前一样，国际社会开始一点点地不仅关心涉及君主的事务，也关心一些臣民的事情。比如，当时存在奴隶制的问题，该现象在欧洲中世纪以前被认为是非常体面的，并且被圣保罗以对此不作任何明确谴责的方式予以认可。它在北美和西印度的英国殖民地以及其他帝国中被广泛地采用，但是到18世纪末期和19世纪初期，公众舆论开始转向反对。在1772年的萨默赛特案中，曼斯菲尔德爵士宣称，英国不存在奴隶制，任何奴隶只要踏上英国的土地，就获得了自由。主要在英国活动家威廉·威尔伯福斯的影响下，英国议会于1807年废除了奴隶贸易，于1833年在整个大英帝国废除了奴隶制。尽管在1776年道出了人生而平等这样一个不言自明的真理，奴隶制在美国的终结却花费了此后将近一个世纪的时间，直到一场血淋淋的内战结束后才完成。（托马斯·杰斐逊在原稿中对它的抨击没有出现在《独立宣言》的最后文本中。)

当然，所有这一切都不是发生在国际法层面，而是发生在国内法层面——不管当时大英帝国的面积有多大，世界居民几乎都受制于同一个单一的法律体系。在真正的国际层面上，直到1885年，一个在柏林召开的有关中非的会议愿意在一份所有与会国家都接受的一般行为准则中确认，"依照国际法原则，奴隶贸易应予以禁止"。但是这项声明仅涉及国际贸易，不涉及国内奴隶制；跨国奴隶贸易因为发生在国家领土之间，使得相关主权国家能被合法地予以关注，而国内奴隶制因为发生在主权国家领土内部而被排除在类似关注之外。直到1926年，主权国家才更进一步通过了一个国际废奴条约，要求拟成为缔约国的国家在其领土范围内废止奴隶制度。尽管如此，且自1945年以来，奴隶制度已经被现代国际人权法彻底禁止，最后一个正式废除它的国家——阿曼，直到1970年才完成。

与此同时，在19世纪里，土耳其帝国的内部事务再次引发了国际社会对一国臣民在君主领土内所享受待遇的广泛关注。在19世纪20年代，拜伦爵士对于希腊人争取独立的运动给予公开的支持；在19世纪50年代，巴勒斯坦出现了圣地和基督教徒待遇问题；在1860到1861年，法国出现了对利比亚和黎巴嫩问题的广泛关注；在1877年，格莱斯顿在英国议会和公众之中，唤起了对于发生在如今被称为保加利亚、12 000名基督教徒被非正规的土耳其部队屠杀事件的注意。严格来说，所有这些事件都发生在土耳其苏丹主权范围之内，因此不该成为其他人关心的事。但是因为它们都是令人发指的事件，所以它们被认为是符合"人道主义干涉"的行为，因而开始动摇以前的国家主权在这些事务中拥有绝对权威的理论。

大致与此同时，亨利·杜南在中立的瑞士发起的红十字运动，开始倡导对战争法的修改。这是国际法从一开始就一直关注的一个重要领域，其目的是使得战争更加人道。它催生了海牙公约，以及日后的日内瓦公约，以减少战争带来的苦难，规范战俘待遇问题。

另一个在我们本世纪初出现的问题是产业工人的薪酬以及工作、健康和安全条件。在那时，几个比较发达的工业化国家很愿意改善这些条件，但是不愿以牺牲其贸易为代价。因此，这里也给国际协定留下了空间，1919年在日内瓦成立的国际劳工组织牵头建议和讨论这些问题。甚至在其正式成立之前，1906年在伯尔尼通过了两个多边劳工公约：一个旨在反对妇女值夜班，另一个反对在手表制造过程中使用有毒白磷。

1919年国际劳工组织第一次会议，照片版权属ILO

第一部分　规则背后的故事

让·亨利·杜南（1828—1910）："红十字会之父"

凡尔赛条约及其以后

第一次世界大战的后果之一就是波兰被当作一个独立的国家得以重建。但是重新划定的边界内包括了大量的说德语和捷克语的少数民族，对这些人的特殊保护被写进了1919年的《凡尔赛和约》和1922年波兰与德国签订的《上西里西亚专约》，以确保他们设立学校和宗教机构的权利，以及在出版、集会和法院中使用他们自己语言的权利。

但是这些条约走得更远，因为它们还确保了**所有居民**的生命、自由和宗教自由的权利，**所有国民**在法律面前享受平等的待遇，以及同样的公民和政治权利。或许除了**国际劳工**组织的公约外，这是主权国家第一次就对待本国公民的方式问题以条约的形式约束自己，这后来被证明是一个非常重要的先例——特别是第二个条约建立了一个国际仲裁机构，公民和侨民在法律史上第一次被授权以个人的权利的名义来对抗一个主权国家。因此，在1927年，一个名不见经传的叫斯坦纳的波兰人和一个叫格罗斯的捷克人（一个是公民，另一个是侨民）成为第一批向国际裁判机构起诉国家的私人主体，就波兰实行烟草国家垄断对其烟草生意造成的损失请求赔偿，从而主张国际法赋予他们的权利。

大灾难

几乎同时，伴随着所有这些明显的进步，一些灾难性的转变出现了。在阿道夫·希特勒的领导下，纳粹党人将其政治哲学至少是部分地建立在尼采思想之上，掌握了德国的政权，其政策中体现的是集体主义观念。随后在他们侵略的邻国中，他们继续犯下了史无前例的滔天罪行，仅犹太人就屠杀了六百多万名。在他们发动、日本随后加入的第二次世界大战中，又有超过两千万人消失在战场上和战俘集中营里，另外至少一千五百万平民丧失了生命。

日军在南京大屠杀中的杀人竞赛　　奥斯威辛集中营堆积如山的尸骨

这些事件比以往发生的任何事更加深刻地"震撼人类的良心"。很明显,为了防止此类事件再次发生,就必须采取行动。但是一个令人烦恼的困难却横亘在眼前:希特勒等都不是功利主义者,但是他们都感恩戴德地认为自然权利是"夸张的谬论"。在他们的体制里,**他们**决定什么是最广大人群的最大幸福,而对在此过程中侵害一小部分——甚至很多人的幸福无所顾忌。他们是极端的法律实用主义者:他们享有的那点仅有的权利是那些他们允许在其国内被适用的权利。在他们简短而灾难性的执政期间,他们为自己重新建立起了专制君主的地位,但摆脱了向那些对正义或合法性问题持有令人不悦观点的神职人员卑躬屈膝的窘境。如果管闲事的外国人过来抗议,他们就以最残酷的国家主权原则为由让他们走开。

今天来看,根据当时严格的国际法规定,没有办法评断希特勒的行为是否合法。假如他们声称——正如他们所做的——按照他们各自主权国家国内法的规定,他们的行为都是非常合法的,在其国家以外没有人有资格驳斥他们的主张,因为所有其他国家受国际法的约束,不能干涉他们的领土和属人主权。简而言之,**国内人权法**作为对抗专制的保护失效了,因为国内专制统治者自己能够超越甚至废止它,没有一部法律高于他的统治、能够宣告他的行为不合法或者让局外人士能够借此予以辩驳。的确,根据人道主义干涉的理论,其他主权国家或许应该无可争辩地派军队进来——假如他们足够强大的话——拯救希特勒手下的犹太人；但这并不能真正挑战他们专制统治的合法性，更不用说他们的法律了。实际上，正是希特勒，根据其罪恶且毫无怜悯之心的短暂联盟，选择派遣他们的部队进入主权国家波兰，并且英国和法国最终向德国宣战，仅仅是为了实现保证那个国家领土完整的庄严承诺，而不是以人道主义干涉为名。

不论从哪个角度来看，这是一个令人不能容忍的事件。那时在国际法上，甚至没有对发动侵略战争的一般禁止性规定，更不用说什么所谓的"战争罪"或"反人类罪"了。这个空白在该事件之后才得以填补，通过特别为此目的而设立的、完全由战胜国代表组成的审判机关，以上述罪名审判了希特勒的部长和将军们。该审判发生在纽伦堡，正是这个"纽伦堡原则"确立了发动侵略战争以及从事战争罪和反人类罪构成违反国际法的犯罪行为的权威立场。

由这些灾难而引发的其中一个具有讽刺意味的事情是，纽伦堡曾经就是1936年通过的第一次将迫害犹太人合法化以及造成后来的大规模屠杀的法律的诞生地。但是另一个意义更为深远的事实是，今天，我们不得不感谢希特勒为我们提供了制定新的国际人权规则的契机，因为，要不是因为他们，自文艺复兴以来，现代的世俗社会或许就不会发现这样的需要：制定一套普遍的标准，超越任何君主和国家的意志，在与他们的臣民的关系之间设定外部的限制。

第一部分　规则背后的故事

1945 年纽伦堡审判

1946 年东京审判

5
当代国际人权法

我们已经走到了所勾勒的图画的终点,通过神父和君王、复兴、改革、启蒙、革命和灾难,标志着从寓言中的亚当村到现代主权国家及其国民在发展过程中的不同阶段。实际上,两个政治和法律理论在这个发展过程中并驾齐驱:一个是专制,一个是对它的限制。专制不仅被罗马帝国皇帝证明是所有法律和正义的源泉,抑或被后来的国王们通过在其人民的头上树立神权的方式而成为所有主权的象征,它还存在于18世纪的人民绝对主权理论,甚至包括19世纪的个人功利主义,直到当代民族法西斯主义。限制论部分地从自然法中获取灵感,源自罗马人的万民法,被斯多葛学派予以发展,被圣托马斯·阿奎那解释为神法是正确、理性的法律;以及部分地源自社会契约论,可以追溯到公元前5世纪的希腊城邦国家,后来出现于封建领主和他们的附庸之间存在的相互的权利和义务中,并最终被格劳修斯和洛克的自然法复兴理论统一起来。

如今,我们必须面对的是现代民族国家——记住这个实体没有什么实际意义,而只是一个抽象概念,用于反映个人与土地以及他们行使控制权的其他有形资产之间的关系,并且规范和合法化那些个人相互间行使的权利。在每个这样的国家里，会有法律调整当权者与国内其他居民之间的关系。但是促成第二次世界大战的事件向我们昭示，由所有这些国家组成的国际社会承受不起继续让其在主权行使不受约束的情况下，自由地在专制主义和限制论之间作出选择：为了共同的利益，必须对每个国家施加一套高于国家的外部限制。为此，从1945年开始，国际社会制定了一个高于一切的**国际人权法**，我将在本书的第二、三部分予以详细介绍。在此之前，我们必须先了解一下这类新规范的一些基本特征。

国际规范的特征

该规范源于这样一个前提，即在人类社会中，一些人总想要行使一些凌驾于他人之上的权力，统治者的观点和利益必然与被统治者的不一样。这些相互冲突的观点和利益仅能由国内法予以调整，但是这些法律必须符合一些受到国际关注的标准。

从这些前提入手，新的规范表现出了以下突出的特征：

1. 它完全基于国际社会的同意——说到底，反映的是主权国家间就什么法律是公正的而达成的国际协定。该协定取代了许多人不再相信的以前站不住脚的造物主，坚决排斥先验观察的自然法则或者是人们真挚而完全不同的道德标准。这个规范不是构建在先前的"神授的""道德的""自然的"或者其他的各类权利之上。相反，就像科学家和工程师们为了避免在英里、里格、厄尔、磅、盎司和格令方面产生进一步的麻烦，而在长度和重量方面达成了国际标准一样，各个国家如今干脆就人权的国际法律标准取得了一致意见，因此在它们之间创立了实证法。

2. 这些标准被有意地设计成为文化和意识形态上的中立：它们不是特别地自由主义或社会主义；不东不西，不南不北；不偏向发达国家，也不偏向不发达国家；不偏向基督教、佛教、伊斯兰教，也不偏向印度教。

3. 就国家或其主体而言，它们既不幼稚，也没有不切实际，或是过于理想化。相反，它们是清醒和务实的。如果从务实的角度着眼，假设统治者和被统治者之间总是存在紧张和冲突的话，该规范对两者表达了一种现实的敬意，并且在它们之间寻求一个可行的平衡。

4. 达到这种平衡要仰仗一套有时很难理解的规则。这些规则被用来权衡和调整一些密切关联的个人价值与社会利益。在此过程中，它们之间建设性的合作才得以加强。并且，过去长期在此领域盛行的一些含混的宣示性的语言也被摒弃了：至少在有关规则实施方面的规定中，价值、利益和规则都以非常确切的语言来定义。

5. 在把握这些平衡的过程中，整部规范既强调了法律的作用，也强调了法治，因此，提供了评价执政者行使权力合法性的一个客观的实验。这部规范因此构成了抵制暴政（包括亚历克西·德·托克维尔所称的"多数人的暴政"）最高级别的保障。

与生俱来、不可剥夺和平等

规范当中所定义的个人价值或许能用不同的方式予以表达。它们既相互制约，又对抗着所谓的社会利益。然而，基于前面所描述过的历史原因，它们的定义采用的形式是责成国际社会所有成员必须保证和尊重的"人权和基本自由"目录。这些权利和自由都被认为具有"与生俱来""不可剥夺"和"平等"的特殊特征，而这些概念值得我们的片刻反思。

我们目前所拥有的绝大多数法律权利是我们在一些交易的过程中已经获得的。我住在自家房子里，并将其他人排除在外的权利，源于我已经从别人那里买下、租下或继承它的事实。假如我获得了以人身伤害起诉某人的权利，那是因为他在街上开车撞倒了我。我完全可以在任何时候"让渡"这些权利，也就是说，通过出售、赠与、抵押或被没收的方式，将它们转移给其他人。甚至，不同的个人会以不同的方式拥有这些权利：你住的房子可能比我住的大，并且假如你挣得比我多，在我们同样遭遇车祸的情况下，你的误工赔偿费就比我的多。

但是所有这些都不适用于"人权"。我们不需要通过买卖、赠与或经由国王或国家的授权，抑或是任何其他交易的结果而获得：法律规定我们生而享有人权。不论我们做错了什么，国王或国家都不能从我们这里剥夺它们；我们也不能买卖它们、抵押它们或者丧失它们。（就像我们后面要看到的那样，这意味着规范中所涵盖的人权的法律界限需要非常谨慎地予以界定，例如，绝对"自由"权就意味着，即使经过一个公正法院的公正审判后，任何一个被判有罪的人也不得被送进监狱。）

对于平等而言，法典不会幼稚地规定所有个人都是等价的或可互换的。实际上远非如此：人之所以为人，是基于他们相互之间如此不同而成就了人的唯一性,这也造就了一个最根本的原则,即对待他们时应给予平等的尊严和尊重。但是为了让他们独特的潜力得以提升,重要的是我们不应任意破坏他们的发展——不论是杀戮、拘禁、折磨、流放他们,还是让他们遭受食物、住所或教育的短缺,让他们死于可以被救治的疾病,压制他们的私人生活或人际关系,或者阻止他们相互交流或与他人结社。因此,**对于他们"基本的"人权和自由**,我们必须给予平等的对待。无论我们之间在其他权利方面有什么不同,我们都在相同的规则下享受我们的人权,而不论我们是男是女、年长还是年幼、黑或白、富或穷、壮或弱、聪慧或愚钝、赞同或反对。

下面这些是在法典中发现的、体现了对一系列明确的内在文明价值的考虑:对多样性的容忍,信仰、观念和文化的多元化,合理和理性,在法治原则下以和平的方式处理纠纷,以及首要的是,对每个个体成员的尊严、自由和气节的尊重。假如法典体现了一种观念的话,那么这些就是它们的价值所在。它们或许对西方自由主义者来讲耳熟能详,但是它们同样扎根于许多其他文化之中,并且如今为全世界具有不同传统和政治、经济制度的大多数国家所接受。

但是法典完全承认这些价值是脆弱的,如果不能对抗不容忍、顽固、盲目的狂热、暴力、压迫、傲慢这些敌人的话,它们可能无法存续。因此,它给必要的自卫措施留下了空间。但是它也竭力保证这些手段不会被滥用,并且在运用的过程中,最终不能破坏这个社会所致力保护的那些价值。

权利和义务

与生俱来、不可剥夺和平等这三个特征从根本上将"人"权规范与其他的、平常的、法律的权利区分开来。但是另外还有一种区分：在所有法律理论和实践中，权利和义务是对称的。通常有一种错误的观念认为这种对称在同一个人身上也适用：如果我有一项权利，我必须承担相对应的一项义务。它不是这样的：假如我有一项权利，**其他人**必须承担相应的义务；假如我承担一项义务，**其他人**就拥有了相对应的权利。你有义务按照双方商定的价格付款而买走我手中的商品，这意味着我有权在你付清货款后再交货，并且假如你未按时付清货款，我可起诉你。你有权利穿越街道而不受伤害，这就意味着我有义务小心驾驶，如果我没有做到的话，就要赔偿任何我对你造成的损害。我们相互的权利和义务源于我们利益的相互性。

人权也是如此，但有一点重要的不同。从其根本属性来看，所有的人权是属于个人的。但是在一个主权国家中，对它们的保护是由一个有权力提供保护的实体来实施的——主权国家自身及其所属的公权力机构。假如我想免遭试图对我滥用权力的强者的侵害从而获得保护，那么正是只有国家才能通过制定并实施适当的法律，限制和拘束那些权力。最高的权力是由国家自身所掌控的，因此，从这点来看，我需要最有效的保护。于是，对人权来讲，**所有相关的义务都由国家来承担**：它必须竭尽全力保护我免遭任何人，**包括其自身**的伤害。

这会产生一些明显的异常现象，在随后的章节中我们将作论述。但是它也带来了利益的不对称性，因为在自己所统治的对象身上限制自己的权力违反了统治者固有的利益。统治者很少有兴趣制定法律来保护他们的属下不受其管辖。这当然正是为什么上述限制措施最终必然是从一些更高的层面（或者至少是外部的）强加给国家本身——我们现在仅指的就是国际社会层面。然而，正如我们在第二部分会看到的那样，国际社会毫无疑问地缺乏执行其法律的机制——而不是像我们寓言里提到的亚当村那样。这就是为什么尽管现存着这么多的国际法，我们仍旧不断看到一些非常可怕的违法行为未被追究的主要原因。

　　我们在后面的章节里会回过头来看现存的一些困难。但同时，应该了解规则是如何被制定的，以及它是如何运转的。因为它**确实在**以不同的方式**发挥作用**：如果它不存在，那么今天会出现更多侵犯人权的事件。

第二部分
规则是如何被制定的，又是怎样发挥作用的

第二部分　规则是如何被制定的，又是怎样发挥作用的

6
制定国际法

本章将更进一步考察国际法的制定方式、法律形式，国际法是如何约束各方主体的，以及它是如何被解释和适用的。我们将留待第九章和第十章说明它是怎样被强制实施的。

国际社会

正如我们已经看到的那样，法律是具有约束力的规则，用于管辖某个社会群体成员的行为——例如，前面寓言中提到的亚当村的人们，或者某个国王的所有臣民，或者是一个现代国家领土范围内的所有居民——通过区分那些行为中什么是合法的、什么不是，并说明每种行为的后果。当国际法首次被承认具有形式和内容时，它所适用的国际社会的成员是主权王国。如今，这些成员是主权国家——被认为是像国内法中规定的企业和公司那样的具有法律权利和义务的法律实体——以及由各个国家设立、参与的一些政府间组织，如联合国及其专门机构，又如地区性组织，如欧洲理事会、美洲国家组织，或非洲统一组织。

因此，在许多方面，国际法是国内法的一个写照。但是这种类推不能走得太远，它们之间存在着两方面的不同。

首先是国际法律体系中不存在形式上的立法者或立法机关。没有任何一个超主权君王能够决定什么法律必须对国际社会成员具有约束力,主权国家间也不存在一个经选举产生的议会,能够制定约束它们行为的法律。其次,国际社会中没有任何一个机构被赋予确保法律得以遵守的专权;不存在能够拘捕行为不端国家并将其押解受审的国际警察;也没有能够扣押财产以履行法院判决的法警——实际上,我们甚至没有一个对所有主权国家具有强制管辖权的国际法院。

至少在这两个方面,国际社会仍旧处于一个与亚当村差不多的发展阶段。仅有的能够对其成员产生约束的法律是那些它们同意接受管辖的法律,强制执行它们的唯一途径是自助、集体制裁,并以剥夺权益作为最后的手段。如今国际法以一种高度复杂的方式涉及许多综合性的事务,这就是为什么尽管其内容的确是非常先进的了,但有一些人仍视国际法处于进化过程中的一个"原始"阶段。

纽约联合国会议大厅

国际习惯法

正如在亚当村想象的那样，国际社会的成员同样面对新成员表示他不能受到现存法律约束的情况，原因就在于他从来没有明确表示赞同这些规则。这个问题的解决与亚当村的做法差不多：当一部法律获得了足够广泛的接受，它会被视为对所有人具有约束力，而不论是否有些人从未**明确**表示同意。的确，在很长一段时间里，这是所有国际法的主要渊源。为了搞清楚它到底是怎么一回事，有人考察了那些文明君主的国际习惯做法，以当作他们接受一般实践成为法律的证据。因此，假如文明的君主们在战争爆发之前给其敌国的大使颁发一个通行证，让他们回国，并且公开地声明要求他的敌人也必须这样做，这就形成了被认为对所有君主都具有约束力的国际法一般规则。事实上，国际法更像古罗马的**万民法**：这些规则看起来为每一个人所共用，而不论它们其他的差别是什么。

这里重要的概念是"连贯的"和"文明的"，它们值得我们略加思考。"连贯的"并不总是被严格地加以解释。对一般惯例偶尔的背离行为，甚至是由一个最文明的君王所采取的，即使没有对规则造成致命的影响，这种背离也被普遍认为是对法律的破坏。但是"文明的"一词在很长时间里发挥了一个非常有用的功能，它为国际法的改革和发展提供了空间，为了避免被冠以未开化国家的标签，通过利用所谓"各国最佳实践"的方式来制定其他国家要遵循的标准。如今，"文明王国"一词即便是被"国家"和"民族"一词取代了，已经多少落伍了——主要是由于欧洲列强在19世纪的时候过于频繁地使用它，以将自己区别于它们认为是未开化、野蛮的非洲和亚洲"原住民"。这个概念仍旧影响着那些已经摆脱殖民统治的新兴民族国家。这虽然是可以理解的，却该被遗忘掉。因为文明一词是重要的，但并不仅限于对西方文化的影响，至少在有些方面，它对国际法规则的发展作出了巨大的贡献。

尽管如此，"（文明）国家的国际习惯"，包括它们发表的公开声明，仍旧是国际法的一个重要渊源。但是如今它的重要性比起过去有所降低了，因为实际上当今所有**新的**国际法都是依据主权国家**明确的**许可而制定的，这种许可要经由下面我们要介绍的正式程序作出。

契约式立法

每一个国家的法律体系中都有一部建立在一般原则基础上的合同法，这些原则包括：承诺必须被遵守，以及规范如何签订在法律上具有约束力的合同，这些合同施加了什么样的义务、这些义务怎样被履行、如果它们不被执行会发生什么，合同怎样终结，等等。在国际法中，同样具有规定主权国家达成协议所有事项的一般性合同的法律。直到最近，该法律也都是习惯，因此只能从由学问精深的法学家或政论家撰写的教科书中找得到，这些著作构成了有关"被文明国家接受为法律的一般实践"的最权威的知识渊源。如今规范合同的国际法已经以一种国际合同的形式被法典化了：1969年起草、1980年1月开始生效的《维也纳条约法公约》。

第二部分　规则是如何被制定的，又是怎样发挥作用的

现在，主权国家之间的合同能够做到而个人间的合同从来不能办到的一个方面是：主权国家能够制定新的法律。一个规范两个主权国家的合同，就像两个私人间的合同一样，仅仅在该合同的双方之间构成一部特殊的法律，这也就是控制它们彼此间行为的一系列强制性的规则。一个多边条约将像这样一部特殊法律那样在其所有成员国之间运转，成员国数量越多，受到该法律制约的就越多。

在立法者或立法会缺位的情况下，我们又一次回到了亚当村，这里的法律仅能以全体村民赞同的方式制定。但是，像在亚当村一样，一部原本仅仅对其成员具有约束力的特殊条约，一旦为国际社会所认可，"被接受为法律的一般实践"，那么开始仅仅约束其成员的特别法律将变成对每一个国家（地区）产生约束力的**一般性法律**。因此，随着时间的推移，"造法性条约"能够制造出新的**一般性法律**。

联合国大会于1947年成立国际法委员会，旨在促进国际法的逐步发展及编纂。委员会由大会所选出的34名委员组成，任期5年，每年开会。

通过和批准

与其他人一样，统治者不能生活在真空当中。然而不论他们在其领土上可以拥有什么样的主权，他们都不得不面对

与他人相互共存的现实。因此，只要有统治者的存在，他们就会制定一系列广泛的涉及其相互间关系的规则。战争的同盟国或侵略国、大使的交换、人质或者罪犯、贸易规则，以及通行费、关税，所有这些以及其他事务都是多少世纪以来统治者们之间协议的主题，并且反映了国际关系特有的本质。在现今日益独立的世界里，这样的协议涵盖了一个非常广阔的领域。并且它们会被叫作不同的名字——宪章、协定、盟约、公约，等等——但是它们的统称是"条约"，并且这是本书剩余部分一直要使用的一个术语。

与所有的协议一样，除非成员国能够产生其他人也会受条约约束的确信，不然的话，这个条约对其成员来讲不会有任何价值。因此，从一开始，国际法已经采纳了"承诺必须被遵守"这个私法领域的基本原则，它们必须被善意地履行，并且一个国家的内部安排——甚至是其自己国家的宪法——都不能成为不履行对其具有约束力的国际承诺的借口。

与私人契约的情形相同，君王之间的条约过去常常伴随着一个长期的纷繁的谈判。但是除了一些短暂的国事访问之外，君王之间其实并不常见面，这样的谈判因此不得不由其他人以他们的名义展开。过去通常的做法是谈判一方的君王向另一方派遣一个特使，此人被赋予进行谈判的所有权力，因此被叫作全权代表。他可以与另一方君王及其总理、秘书、部长以及其他官员谈判，直到他获得了能够达成的最好的交易，并且愿意向其自己的君王报告。在君王时代，通信条件差，为了向其元首递交谈判的结果，全权代表必须返回自己的国家。但是另一方君王的态度可能已经发生了变化，他可能已经与其他君王结成了同盟,或者遇到了国内问题,因而不再想签署这个特殊的协议。为此,标准的程序是这样的:当全权代表就所有细节问题协商一致后,两国之间意欲签署的条约被复制成两个一模一样的版本,由全权代表及其对方能够认证文本真实性的成员共同签署或草签;全权代表将携带其自己的那一份回国,连同其个人的建议一起上报给君王;君王会仔细考虑,征询其贵族和其他顾问的意见,并作进一步盘算;如果他决定接受谈判的结果,就会向另一方的君王发出信息,表示他批准其全权代表已经签署或草签的协议;如果到那时另一方的君王仍旧愿意做此交易,他将发回相同的批准消息——直到那时,当两位元首批准了他们代理人暂时协商一致的内容时,该协议才能开始具有约束力;并且只有此时条约才能够正式生效。

尽管现代通信手段进步了,但是这种传统的程序仍旧被沿用着。大使们和其他全权代表们以通信、传真和电话的形式进行面对面的谈判。在整个过程中,他们当然会征求其所服务的政府的意见。他们甚至可以草签或签署获得许可的最后文本,但是在他们的政府正式地批准这些文本之前,条约是不能生效的。

双边条约——只有两个主权国家是成员国的条约——仍在全世界范围内被制定着。但是因为世界越变越小以及国际交易数量的增加,如今越来越多的条约是在大量的国家间产生的,有时甚至囊括了整个国际社会。尤其是在人权领域,新的国际法的制定是通过这些多边条约完成的。

这里谈判的过程必然是不同的。所有参与谈判的国家的全权代表们汇聚一堂,而不是一个全权代表被派往外国的政府。这可以是像起草《维也纳条约法公约》那样的一个特别会议,或是如联合国那样长期论坛性质的一个政府间组织,或者是其中的一个专门机构,再或者是像国际电信组织那样具有共同利益的一个组织,或者是像欧洲理事会、美洲国家组织、非洲统一组织那样的一个区域性组织。首先,其中的参与国可以提交一个草案,或者由秘书处受命准备一个。文本将被逐条地讨论和协商。在一起开会的全权代表们将发表演说和干预,提交修正案,组建相互支持的同盟,或者针对某个国家或集团的反对派。他们会征求其政府的意见,汇报博弈的进展情况,提出建议,并且接受指示。整个谈判过程可能持续许多年。但是从一开始起,所有参与的政府是以达成某些协议为目的而参加这个多边谈判的,因此,协议不能平等地满足所有各方的利益,并且注定需要妥协和让步,但是强大的压力总是会逼迫它们达成一些一致性的意见。如果谈判进程在某些问题上陷入了僵局,不同的提案会被用方括号圈起来待以后处理,会议将继续讨论其他的条款。会议会不时地宣告休会,全权大使们将返回各自政府征询进一步的建议和指示。同时,政府们来来去去,一些相关国家的政策可能发生变化。这个进程完全失败的情况令人惊讶地少。很多时候,在经过漫长的谈判后,最终总会就某些事项达成一致意见。

最终达成的将是所有国家代表不论多么勉强,原则上都愿意接受的一个条约文本。当这一时刻最终到来的时候,一般的仪式是将文本送交大会"通过",通常不采用正式投票的方式，而是"协商一致"或"鼓掌通过"的方式。在通过之后，文本将被正式公开接受签署。这也就是说，全权代表们或者是那些获得授权的部长们，将代表各自政府在条约文本上签字。

在此，相信签署条约的政府该受到约束的那些无辜旁观者应得到谅解。但是，正如我们已经看到的，现实并不是这个样子。因为根深蒂固的实践一再表明，不论在协商每一个逗号上花费了多长时间，也不论他们费了多大的力气反复权衡应该同意什么，政府在批准条约之前不受其约束。世界上许多政府签署了一些条约，不管是基于这样或那样的理由，他们后来却没有批准，因此根本就不受约束——除非，很久以后，那些条约所确立的特殊原则最终成为习惯法的一部分。

事实上，一国在承担国际义务之前，如今有许多非常好的要求履行批准手续的理由。这类谈判总是由政府来做，而不是议会。然而，一个条约一旦生效，就会赋予国家非常重要的义务，最终会给其所有的居民带来各种各样的后果，比如，对新的国际义务的履行会引发国内法的变更。因此，至少出于明智的考虑，在最后决定以一个新的正式的条约约束国家之前，参与谈判的政府应向其民众或者国内议会的代表征询意见；实际上，作为国内法的一项规定，许多国家的宪法也要求**必须**这么做。一个典型的例子是美国，条约自动成为其国家法律的一部分——但是必须获得参议院超过三分之二多数的批准。这就可以理解，为什么美国参议院一直非常小心翼翼地处理是否接受会对其五十个州的法律产生影响的条约——鉴于此，尽管到处宣称自己是人权冠军，美国仍旧没有签署任何全球或区域性的人权条约。

  现代多边条约的一个共同的特征是由条约确定一个中心的"保管机关",负责留存批准文件,以及其他任何可能需要提交的正式通知。这避免了要求每一个批准国向其他签署该公约的国家递交一份正式的批准书;而是将这样的一份文件交给保管机关,再由它逐一通知其他国家其已经收到了文件。在政府间组织框架内达成条约的,其秘书长一般会被任命为保管人。

生效

  设想一下,欧洲理事会所有21个成员国都已经正式通过了一个新条约的文本,假如,其中18个国家已经签署了。当第一个国家批准它的时候,它还不能生效,因为至少要有两个国家同意才行。如果没有其他的规定,那么当第二个国家批准的时候,它就该生效了。此刻,条约仅对这两个国家产生约束。如果其他国家都没有批准该公约,就会带来一些尴尬和意想不到结果。为此,当今这样的条约中都毫无例外包含一个条款,说明只有当条约获得一个最低数量的批准后方可生效。举个例子:假如条约要求达到10个国家,那么只有当第十份批准文件被交存到欧洲理事会秘书长处的时候,才会使新条约生效。当他收到那份文件时,或者,假如条约这么规定,从那时起以后某个日子,条约最终开始生效,对那个已经递交以及其他9个之前递交的国家产生拘束力。从那时起,当每一个新批准的国家交存其批准文件的时候,就接受约束了,除非条约规定了额外期限。

加入和加附

国际社会在持续发展。新兴国家不断加入，大多数都是从殖民或托管地位中赢取了独立。不可避免地，它们都未能参加已经生效的任何条约文本的起草工作。当它们被首次公开签署的时候，这些国家既不能参与投票通过和接受这些文本，也不能参与签署。其他一些已经存在的国家或许选择在那个时候不签署，但是后来或许在政府更迭之后又改变了主意。从技术层面来看，"批准"意味着由某个人对另一个人所做的事予以确认和批准，严格意义上讲，这些国家不可能批准这样一个条约。为了尊重法律程序，如果它们希望接受制约的话，就必须用一个稍微不同的术语：这被叫作加入，而不是批准。它们要履行与批准相同的程序，那就是，要将一份文件留存相关保存机关，多数情况下，是起草条约的政府间国际组织的秘书处。但是文件要以加入一词替代批准一词，这就是其中唯一的区别。一旦文件被留存，新的国家就要受到条约的约束，就好像它已经批准了条约一样。

一旦一个国家受到一个条约的约束，不论是批准还是加入，它就依附于它，也就成为它的一个成员国。

保留

有的时候，某个国家愿意接受一个条约的文本，签署它，甚至批准或加入，但是却不肯接受文本中一些它根本不能消化的条款。在这种情况下，这样的一个国家通常会对条约作出一项正式的"保留"，特别说明它认为不能接受哪一个特别的条款，并说明原因。只要该项保留只涉及一些细节而没有触碰条约的底线，其他相关的国家通常就会答应接受，因为它们宁愿选择让作出保留的国家受到条约大多数内容的制约，而不愿让它一走了之。但是如果保留条款触及了条约最核心的部分，接受这样经过保留的遵守条约的方式实际上就是在骗人，其他成员国或留存国会说，它们拒绝这种形式的批准或加入。对于一个或多个国家来讲，另外一个做法就是向作出保留的国家提出反对意见。这样的话，一些比较技术性的条款就要发挥作用了，对于国际律师来讲，这是一个令人欢愉的狩猎场。一般来说，作出保留的国家和表示反对的国家**相互间**不受该条约的约束（或者无论如何，保留所涉及的条款在这些国家间不发生效力），但是其他条约成员国仍旧受该条约的限制。

废约

在一个变革的年代里，没有什么能够永远存在。有人因此会问：一个已经表示接受条约的国家在时过境迁之后，如果不愿意再受其制约，怎样才能从中脱身呢？除了少数几个不涉及人权的条约，国际法上的简单回答是，一个条约的任何一个成员国在未经其他所有成员国同意的情况下，都不能获得解脱——无论是在危急时刻，还是因为条约自身提前设定了单方废约的条款。在其他的合同法中，原则是双方的承诺只能由双方解除。

废约区别于我们将在第八章"紧急状态"下予以介绍的克减。

其他文件

除了条约之外，国际社会的成员还制定了其他类型的文件，诸如宣言、决议或者建议。这些文件的准备常常遵循与条约相似的模式：首先由一个国家或秘书处负责起草，经过协商、讨论和修改，最终获得通过。主要的不同在于，这样一些文件的通过，一般来讲，没有给任何一个国家设置一项法律上具有拘束力的义务：它只不过是一个普通政策或意图的表达。但是这些文件常常是条约的前提：已经为某一项政策营造了一个倾向性的大环境，并且为表达它遣词造句。这样的预备工作为后来的相关条约的制定铺平了道路。如果某些条款能够在后来显示已经发展成为被各国接受的一项一般性实践——或许因为它们总是在公开的场合援引它，就好像它们将其视同法律一般——即使后来没有达成任何正式的条约，仅只一个宣言或决议就能够随着时间的推移，最终发展成为具有约束力的国际法。就像我们在下一章里将看到的那样，鉴于《世界人权宣言》的地位，它在国际人权法领域具有特殊的意义。

所有这些文件——宣言、决议、建议以及任何名称的条约——一般都被叫作"文件"。因此，这里的原则是所有条约都是具有法律拘束力的；另外有一些其他文件尽管不是条约，但是最终可能会具有法律拘束力。

解释和适用

如果双方当事人就关乎他们的一些国内法适用问题理解不同，他们常常会听取各自律师的意见。由于受到过类似的训练，律师们不会像他们的客户那样互不相让。如果他们也争执不下,那只能由一个有管辖权的国内法院主持公道了,法院一般具有**强制性**司法管辖权,也就是说,如果一方当事人要求予以判决,判决会对双方当事人产生约束,即使另一方始终不同意启动司法程序、从来不参与诉讼程序,并且没有采取任何措施确认法院的审判资格问题;当然,他必须获得正常的司法程序通知,以及一个如果他愿意就可以获得的说明案情的平等机会。

同样的,国际法在一定程度上与此雷同。如果两个国家对问题的解释相左,它们会寻求各自国际律师(可能会是知名的和学问精深的学术大师)的意见。但是即使是他们,也会在法律上产生巨大的分歧。每当遇到此类情况,问题就来了,因为正如我们所看到的那样,整个国际法律体系是建立在一致同意的基础上,世界各国从来没同意接受任何法院具有强制约束力的司法管辖,甚至是位于海牙的国际法院——其法官都是从全世界最著名的法学家中挑选出来的。因此,对于国际法上存有争议的问题只能有一个权威性的裁定——法国人所说的"**法理**"——如果当事国**双方**(或者全部,假如争议涉及两个以上国家)同意将其递交国际法院,或者另外一些它们选择的特别法庭,并且接受处理结果的约束。

有鉴于此,一些条约规定了一个特别程序,甚至建立了一个特别法庭,以处理成员国之间就某个条款产生的争议。但是即便如此,总有一些特别的规定用来确保,在明确表示接受条约里设定的法庭的一般司法管辖权或者某一个特别案件的管辖权之前,任何国家都不能受到该司法机关的审理。根据一些人权条约的规定,目前存在一些类似的机构和程序,我们将在下一章中简要说明,并在第十章中更全面地予以说明。

7
法典的要素

现在让我们考察一下国际人权法现代法典是由什么构成的。与国际法的其他分支一样，这一支具有两个可能的渊源：习惯和条约。由于它是新近出现的，其大多数渊源仅存于条约法之中，但是至少有些部分能被认为已经发展成为习惯法了。

条约能大约被分为三类：全球性的、区域性的和特别的。三个全球性的条约是：《联合国宪章》《联合国经济、社会和文化权利国际公约》和《联合国公民权利与政治权利国际公约》。四个区域性条约是：《欧洲有关保护人权与基本自由的公约》《欧洲社会宪章》《美洲人权公约》《非洲人权和民族权利宪章》。还有两个宣言，一个全球性的，一个区域性的：《世界人权宣言》和《美洲人的权利和义务宣言》。取决于在哪里划分人权法和国际法其他分支的界限，其他还有二十或更多的已经生效的特别条约。

在本章，我们将从一个总体的角度审视所有这些法律，以便在后面章节详细介绍之前，考察清楚其各部分是在哪里相互交合在一起的。

习惯法

最权威的有能力宣布国际法中哪些规则是或不是**受习惯**

约束的机构是位于海牙的国际法院。但是该法院至今仅有少数几次谈到了有关人权方面的法律,而且要么是回复其他问题时捎带提到的,要么是被请求提供咨询意见时涉及的。由于缺乏这样的最终权威,因此我们不得不大量地从**学说**、国家的实践(包括公开的宣言),以及另一个国际或国内法院有关国际法中类似问题所作出的判决来寻找习惯国际人权法的内容。

在此背景下,有4项人权可以被认为已经受到了国际习惯法的保护:免于奴役的自由、免于种族灭绝的自由、免于种族歧视的自由以及免于酷刑的自由。

免于奴役的自由要追溯到19世纪:我们在前面的第四章已经涉及此事件。自第一个《禁奴公约》于1926年通过开始后的60年里,全世界每一个国家都开始公开地谴责奴隶制和奴隶贸易,并在国内立法中正式禁止这些活动。自此后,尽管众所周知,有些国家事实上容忍上述活动的出现,但至今从没有听说过哪个国家敢于公开地支持这种做法。在此情况下,我们可以自信地说,奴隶制和奴隶贸易如今在所有国家为国际习惯法所禁止,而不仅仅限于《禁奴公约》的那九十几个成员国。

种族灭绝是另一个特别条约所涉及的主题,即1948年通过、1951年正式生效的《防止及惩治灭绝种族罪公约》。该公约的目的常常被误解,因为它不是以条约的形式来(正如许多人仍旧相信的那样)禁止种族灭绝其本身。相反,其主要目的是将种族灭绝定义为一种"国际法上的犯罪行为",也就是说,将单个国家的刑事司法管辖权扩展到其领土以外

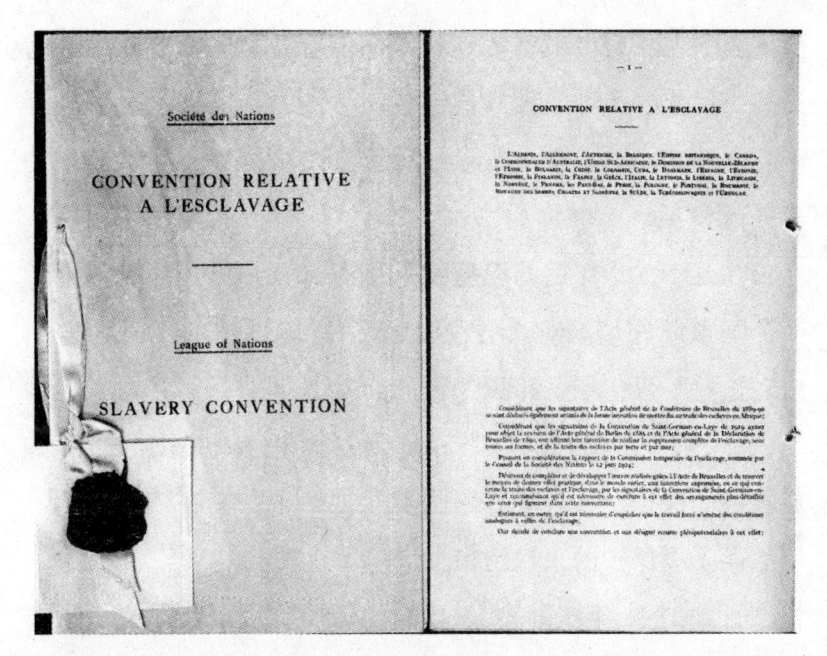

1926年的《禁奴公约》是国际联盟成员国之间达成的一项协议，要求缔约国在其领土上消除奴隶制、奴隶贸易和强迫劳动。

的地方，以使得它们能够审判参与种族灭绝活动的个人，甚至是对于那些并不是发生在其领土上或者不是由其本国人实施或者不是针对其国民的活动，该国家的法院仍旧可以行使司法管辖权。这样做的目的是迫使这些制造人类惨剧的个人越来越难找到藏身之处。保加利亚、白俄罗斯、捷克斯洛伐克、菲律宾、波兰、罗马尼亚、乌克兰和苏联共8个国家试图在批准该公约时提出18项保留，但遭到了其他国家的反对。这种做法造成了很大的困惑，最终联合国大会请求国际法院出具一份咨询意见。在该意见中，法院的多数法官认为，"即使在没有任何公约义务的状况下，该公约中所体现出来的原则是被所有文明国家认可对所有成员国具有约束力的原则"。该声明虽然是以顺便说一句的方式表达出来的，但是我们现在可以很稳妥地说，任何旨在蓄意全部或局部消灭某一民族、人种、种族或宗教团体的行为（这是对种族灭绝的一般定义），如今都是为国际习惯法所禁止的，与条约义务无关。

在几乎二十年后的**巴塞罗那电车公司案**中，法院讨论了一个国家或许"对整个国际社会"所应承担的义务，并指出，这些不仅包括宣布灭绝种族行为是非法行为，而且包括"有关人的基本权利的原则和规则，其中涉及免受奴役和**种族歧视的保护**"——或许因为这个原因，我们在依据国际习惯法而予以保护的人权清单上增添了这项自由。

直到1948年《世界人权宣言》通过之后，酷刑这一可憎行为才正式受到国际社会的谴责。宣言中使用的语言被随后生效的所有全球性和区域性的条约沿用。这里有一个有趣的判决，即1980年6月美国联邦第二巡回上诉法院申诉庭受理的Filartiga诉Pena-Irala案件。1976年，巴拉圭一个17岁的少年遭受警察的酷刑并被杀害。他的父亲，Filartiga先生，想要竭尽全力启动刑事诉讼，追究酷刑实施者——警长Pena-Irala的责任而未果。后来，他在美国街头发现了该警长，于是他和他的女儿试图在那里起诉警长。根据美国《外国人侵权法》的规定，美国联邦法院对由其侨民提请的有"违反各国法律"之嫌的行为具有司法管辖权。为了让法院认定其对本案具有司法管辖权，这个父亲因此不得不证明，在其子遭受酷刑这件事上，巴拉圭违反了国际法。在对法律地位进行了全面的分析后，法院裁决，"以官方之名故意采取的酷刑违反了被全球**普遍**接受的国际人权法的规定"，换句话说，酷刑如今明确地并且是毫无争议地为**习惯**国际法所禁止。

《联合国宪章》

第一个全面涉及人权的多边条约是 1945 年 6 月 26 日在旧金山通过的联合国组织的宪章。这是一个具有重大意义的事件。届时充满恐惧的第二次世界大战接近尾声：德国已经投降，日本很快步其后尘——尽管只有极少数人当时得知在其作出这样的选择之前，广岛和长崎将遭受更大的灾难。无论如何，取得胜利的盟国决定建立一个新的世界秩序，特别是在国际法方面。4 年前，在 1941 年 8 月 14 日的《大西洋宪章》中，他们提出了"免于恐惧和匮乏"的主张。1942 年 1 月 1 日，他们中的 26 个与轴心国作战的国家已经称其为"联合国"，并宣称，"全面战胜他们的敌人对于保护生命、自由、独立和宗教自由，以及**在其国内外的土地上**维护人权和正义都是至关重要的"。1944 年，在橡树湾会议上，他们提出设立一个联合国组织的构想，其任务之一就是要"促进对人权和基本自由的尊重"。

因此，这一运动已经逐渐沿着一个新原则的正式确认方向发展下去，即不论是"在其本土或其他国家的"人权不再是一个主权国家排他的关注事项，而是受到整个国际社会合法关注的对象。1945 年的《联合国宪章》，作为一个构成联合国这样一个政府间组织宪法性文件的多边条约，几次使用橡树湾会议的语言，强调促进"对人权和基本自由的尊重"，但是随后常常都加上一句至关重要的话，"为全体人类，不分种族、性别、语言或宗教"。

1945年4月25日至6月26日在旧金山举行的联合国国际组织会议上，50个国家的代表起草了《联合国宪章》。

这也不仅是将其宣称为一个新组织的目的之一：当宪章第55条说联合国必须这么做时，第56条紧接着增加了一段关键的话："**各会员国**担允采取共同及**个别**行动与本组织合作，以达成第五十五条所载之宗旨。"因为有明确的义务，因此无可争议的是身为联合国成员国的各国——如今只有非常少的国家不是——受作为国际法的宪章的这两条的约束，应不分种族、性别、语言或宗教地尊重和遵守人权与基本自由。

到目前为止，一切顺利。这是对当今国际社会的所有主权国家附加一个明确的法律义务。它只差一件事未做：没有给出什么是我们一直在说的人权和基本自由的定义。

《世界人权宣言》

联合国的下一个任务占用了他们三年多的时间来完成，最后以我们现在所熟知的《世界人权宣言》的形式出现。这个文件是在联合国 1948 年 12 月 10 日在巴黎召开的联合国大会上通过的,并且至今每年的 12 月 10 日这个纪念日被确定为人权日。

埃莉诺·罗斯福夫人手持《世界人权宣言》文本

该决议不是采用协商一致而是投票的方式通过的。那时联合国有 56 个成员国:48 个投赞成票,没有投反对票的,8 个持谨慎态度的国家投了弃权票:白俄罗斯、捷克斯洛伐克、波兰、沙特阿拉伯、南非、乌克兰、苏联和南斯拉夫。自此后,该宣言就成为被国际社会主权国家认可并庄严宣告的第一个全面、详细的人权和基本自由的目录。

宣言由 30 个条款组成。其起始第 1 条说:"人人生而自由,在尊严和权利上一律平等。他们富有理性和良心,并应以兄弟关系的精神相对待。"这里重复了 19 世纪的语言,只是没有提及上帝或天而已——与这两者相关的行文在最后时刻被从草案中删除了。世俗时代终于到来了。

第 2 条接着说:"人人有资格享有本宣言所载的一切权利和自由,不分种族、肤色、性别、语言、宗教、政治或其他见解、国籍或社会出身、财产、出生或其他身份等任何区别。"这是一个普遍适用的条款,适用于随后的所有条款。值得注意的是,禁止歧视的理由从《联合国宪章》的 4 个增加到了 12 个。

随后的 26 个条款列举和描述了相关的权利与自由,既没有排列任何的优先次序,也没有将它们区分为公民、政治、经济、社会或文化权利。宣言最后以一条有关义务和限制的条款,以及另一条有关禁止滥用权利的条款结束。

虽然被广泛和显著地引用,《世界人权宣言》并**不是**一个条约。的确,正如其序言将其描述成为"所有人民所有国家共同努力之标的",并号召"个人及社会团体"去"力求借训导与教育激励人权与自由之尊重,并借国家与国际之渐进措施获得其普遍有效之承认与遵行"。不论宣言具有多么伟大的道德权威,然而,仍可以清楚地看到,宣言自身并没有打算向 1948 年通过它的各国施加具有法律约束力的义务。

但是那都是上辈子的老黄历了,此后几个重大事件相继发生。一开始,不仅联合国及其专门机构(specialized agencies)在其这样或那样的官方文件中不断地援引宣言,而且许多国家也这么做。又如,仅在 1958 年到 1972 年之间,25 个新宪法提及宣言。不论其实际履行情况如何,主权国家从未在公开场合谴责宣言:正好相反,它们总是以赞同的态度援引它,特别是当它切合它们的利益,被用来谴责其他国家违反宣言精神时。基于上述理由,我们可以强烈地认为,

张彭春博士是《世界人权宣言》的主要起草者之一，照片摄于1949年联合国经社理事会。

《世界人权宣言》正成为——假如还没有完全成为——国际习惯法的一部分，从而对所有国家具有约束力，不论这些国家是否承担了条约义务。

另外一个重大事件是联合国于1968年在德黑兰召开的世界人权大会，以"检查《世界人权宣言》通过20年以来所获进展，并拟订未来方案"。到那时，联合国成员国数量有了很大的提高，有84个国家出席了会议。会后通过了一个庄严的宣告，声称《世界人权宣言》"构成国际社会各成员的**义务**"。这同样进一步支持了宣言作为具有约束力的国际法的观点，至少对联合国全体成员国来讲是如此。

最后，还有另外一个理由。让我们回顾一下，《联合国宪章》中包含一个"担允（誓愿）"，让各会员国采取行动以实现"全体人类之人权及基本自由之普遍尊重与遵守"。那

1968年德黑兰世界人权大会场景

么，存在什么样的权利和自由呢？和联合国已经提供的目录一样，那也就是《世界人权宣言》中规定的那些内容。这份宣言在其序言中特别提到了这个"担允（誓愿）"，并且立刻接着说，"此种权利自由之公共认识对于这项誓愿之彻底实现至关重大"。任何律师都会告诉您：当一个文件援引另一个文件时，您有权——并且常常有义务——对照第二个来解释第一个文件。如果您的火车票上说，它是"根据铁路部门的规定和内部章程发行的"，那么，当铁路部门运送您的时候，即使您从来没有看到过这些条款，你们之间都必须受这些条款的约束。因而，据此理由可以有力地论证，根据宪章的规定，联合国每一个成员国都必须尊重、遵守的人权和基本自由，是且只能是那些在宣言当中列举的权利和自由。

这两个文件之间的联系实际上得到了国际法院的确认。在**伊朗人质事件一案**中，法院认定，"非法剥夺他们的自由并将其置于身体受到限制的艰难境地本身就明显地与《联合国宪章》的原则相左,同时也违反了《世界人权宣言》所列举的基本原则"。

联合国人权两公约

不论今天会是怎样,上一代的联合国成员国没有仅仅因为有了一个宣言就沾沾自喜,而是决定制定一些综合性的人权方面的条约法。不幸的是,至此,那些战胜由轴心国所代表的邪恶势力的兴奋之情在很快退却,正如历史一幕幕上演的那样,它们相互之间的争吵开始出现了。东西方之间的紧张关系在逐步加深,并在"冷战"之后不久达到顶点。尽管过去只用了3年时间起草了一个宣言,但后来却用了近二十年的时间起草条约的条文,并且花了另外十年的时间才将它们付诸生效。此外,当时也不可能就起草一个单一的条约达成一致意见,因为东方阵营的国家认为"经济、社会和文化权利"具有重大意义,而西方大国却坚持"公民和政治权利"重要些。因此,《世界人权宣言》中所列举的权利和自由被拆分为两个条约——有时被称为两公约——对这两类分别单独作出规定,并向相关成员国施加不同类型的义务(参见第八章)。

两公约的文本最终于1966年获得通过,但是当时规定了一个前提条件,要求获得35个国家的批准后,它们才能生效,而这又历经了另外一个十年后才发生。批准和加入的数量自此已经增加到了八十多个,而且还有更多国家正在加入。其中的国家就包括整个苏联阵营(而不是美国)、各个大洲的其他国家,各种经济体制、各个经济发展阶段、各种

1966年菲律宾代表在公约上签字

政治体制以及在人权记录方面不一的国家，坦白地讲，从最棒的到骇人听闻的都有。不好说两公约对于愿意接受其约束的政府的作为有多少直接的影响。但是，重要的是当政府的行为仍旧没有达到其承诺时，这种不足就不仅仅是令人遗憾甚至痛惜那么简单了——对于那些国家来讲，现在无疑是**触犯了法律**。一旦不论哪个国家通过批准或加入接受其约束，依据这样的一个条约，对于任何受保护的人权的任何侵犯都不再仅仅是不道德的了——它违背的是执掌那个国家的政府所应承担的国际**法律**义务。

而且，假如有人认为《世界人权宣言》的条款被溯及既往地体现在《联合国宪章》中，那么对于**所有联合国的成员国**来讲，不论它们是否已经接受了两公约的管辖，其结果都是一样的。并且如果更进一步来说，《世界人权宣言》如今是国际习惯法的一部分，那么它对那些少数几个不是联合国成员的国家来讲也具有约束力。

欧洲区域性文件

欧洲亲身经历过第二次世界大战和紧承其后那段时期的生灵涂炭和灾难。的确，许多国家遭受到了其他一些不久前还被认为是世界上最文明的国家的侵袭。西欧国家多个世纪以来历经了相同的历史、相同的文化和许多相同的传统。因此，与各不相同的联合国成员不同，欧洲理事会成员国在《世界人权宣言》通过后，只用了不到两年的时间就通过了《欧洲保护人权与基本自由公约》的条约文本，然后又用了不到三年的时间收集到了前10个批准书，促使公约生效——自此后，又发展到除了芬兰、梵蒂冈、摩纳哥和圣马力诺以外的所有21个欧洲非共产主义国家。公约及其后来的议定书仅仅涵盖了公民和政治权利，但是1961年通过并于1965年生效的《欧洲社会宪章》涉及广泛的经济、社会和文化权利。

比《欧洲人权公约》通过和生效的速度更可观的是它的解释、适用和执行的机制——对，就是要执行它。在所有之前的历史中，欧洲以及其他地方的国家——集权统治者甚至最民主的主权国家——一直坚持它们完全和不受约束地以它们自己喜欢的方式对待其国民的权利，当我们品味这种酸痛的时候，我们惊奇地发现欧洲理事会成员国居然在这么短的时间内建立起来一个独立的机制——一个欧洲人权委员会和一个欧洲人权法院，它们都坐落在斯特拉斯堡——在不受成员国任何政治或行政控制的情况下，有权力就以上各类事项作出判断。更了不得的是，这些机制的程序不仅能够由其他国家发动，也能够由个人启动——对任何一个确认委员会有权启动这样的程序的国家发难。在欧洲人权委员会调查结束后，案件交由欧洲人权法院受理。法院具有明确的权力向诉讼所涉国家作出具有法律约束力的判决。所有这些相当于对以前的神圣国家主权原则作出一个重大的放弃，也是将人权列在**合法**的国际关注范围内所应付出的必要的代价。正如我们将在第十章看到的那样，历史证明这个体系是非常有效率的，并且已经对国际人权法的解释和适用作出了**重要的贡献**。

欧洲人权法院

与联合国人权两公约不同，《欧洲人权公约》和《欧洲社会宪章》都允许一个成员国单方解约——提醒其他成员国它将不再受到公约的约束——但是必须在公约对其生效满5年且通知过了6个月以后。实际上，这还真发生过：因被欧洲人权委员会发现存在大规模违反公约的行为，并被威胁会带来被驱逐出欧洲理事会的后果后，希腊的"军政权"在1969年退出了欧洲理事会，因此而自动地解除了公约。不久之后，该政权被推翻了，其继任政府于1974年再次加入。

美洲人权文件

正当联合国在起草《世界人权宣言》的时候，美洲区域性文件同样在做紧锣密鼓的准备。它后来以微弱优势击败了联合国，因为《美洲人的权利和义务宣言》是仅仅在内容相似的《世界人权宣言》发布之前的几个月通过的。与《世界人权宣言》一样，美洲宣言当时没有打算成为一个条约。尽管如此，它还是自此获得了一个法律地位，但是与《世界人权宣言》所采取的路线却大相径庭。

与欧洲的情况差不多：美洲国家组织的成员国拥有某些相同的历史和文化传统，它们决定继续迈向下一个区域人权**条约**的台阶。但是后来证明这一步所花费的时间远远超过了欧洲。起草工作直到 1959 年才开始，用了 10 年的时间才得以通过，《美洲人权公约》于 1978 年 7 月才正式生效。（在 1984 年 1 月 1 日之前，已经具备了 17 个成员国。）与此同时，美洲国家组织已经设立了自己的美洲人权委员会，赋予其调查成员国内部事务的职权。但是由于当时缺乏一个具有拘束力的条约，美洲国家组织授权委员会适用美洲宣言的条款，并且这个做法仍旧适用于那些没有批准《美洲人权公约》的美洲国家。同一个委员会以及新的美洲人权法院都有权根据公约的规定，接受和调查来自成员国或者个人的申诉。因此，当委员会调查发生在已经批准公约的美洲国家的人权事件时，它适用公约的条款；但是如果该国还没有批准公约，它就会适用宣言的条款。这种做法为一个小小的宣言能够有效地演变成国际人权法另辟蹊径，并且委员会和法院也正在为法律的解释和适用作出重要的贡献。

美洲国家组织徽章

与《欧洲人权公约》一样,《美洲人权公约》涉及的是公民和政治权利,但是它也提到了(在第26条中)美洲国家组织宪章里规定的"经济、社会、教育、科学和文化固有的权利"。实际上,美洲国家(除了美国)在1948年也通过了一个《美洲社会保障宪章》,其中对工人和他们的家庭的社会权利作出了详尽的规定。然而,这个文件一直没有超越宣言的地位。

美洲宣言也允许解约,但是必须在其生效第五个纪念日前一年提出。实际上,没有哪个国家曾经试图利用这个机会。

《非洲人权和民族权利宪章》是最新的区域人权条约,由非洲统一组织于1981年通过。该条约将在非洲统一组织的大多数成员国批准时生效,目前非洲统一组织有50个成员国

[或者51个，如果包括阿拉伯撒哈拉民主共和国，也称为西撒哈拉独立（或人民解放）战线]。该文件在几个方面具有独特性。与其他所有一般条约不同，它在一个单独的文本里涵盖了公民、政治、经济、社会和文化权利，并为它们施加了相同的国家义务。与《美洲人权公约》一样，但是与其他公约不同，它包含了一个施加给个人以及国家的义务清单。它还列举了一系列所谓的民族权利（详见第18章）。

非洲统一组织徽章

与欧洲和美洲体系一样，非洲人权和民族权利委员会有权解释和适用条约，在无须受诉国事前宣布同意的情况下，接受来自成员国及其个人的申诉。但是这是唯一的机构：将来不会有一个独立的法院。

专门条约

至此所有说到的9个条约，不论单独地或互补地，勾勒出了一个完全的人权列表。它们在这些权利方面为国家设定了不同的义务，但是它们没有详细说明这些国家该**怎样**履行其义务。对于不同的权利和自由来讲，这肯定是非常不同的。如果您想确保雇主会认同工会，那么，您要采取的措施肯定不同于那些确保警察不用酷刑折磨犯罪嫌疑人的方法，或者是那些根除对妇女的歧视的手段。对于其中的这些权利——虽然并非所有——都有单独的条约确立更加具体的规则。因为它们只处理一个权利，或者一小部分相关的权利，所以它们会被称为"专门"条约，以便区别于一般性的条约。它们为其成员国设定的具体的义务通常会更加明确，因此，某一个成员国在某一个案件中是否遵循了条约的规定常常是无须多费口舌的。

如今已经出现了许多这样的专门条约，在国际人权法的范围内估计有二十多个。一些联合国专门机构——特别是国际劳工组织——一直致力于推广其中的一些公约。在人道主义领域内，还有许多——诸如有关战争法的《日内瓦公约》及其两个任择议定书——临近这个领域，或者部分与其重合。

国际劳动组织徽章

赫尔辛基最后文件

在国际实践中，战争的最终结束通常是以和平协定的签署为标志的，但是过去没有任何一个单独的条约把"二战"

引向一个正式的终结。因而，在**缓和**成为时代主题的时期，所有东欧和西欧的主权国家（除了阿尔巴尼亚外），以及美国和加拿大花费了两年的时间，在欧洲参加一个安全和合作会议。其结果就是一份冗长的被称为最终法案的文件，于1975年8月1日在赫尔辛基由蜂拥而至的各国首脑签署，内容涉及一系列广泛的问题。参与国家全部同意将该文件印发给各自的国民，并且在"铁幕"双方的国家中"尽可能广泛地传播并让其家喻户晓"，事实上大多数国家后来都这么做了。鉴于这样的宣传，这个文件至今是非常有名的，并被广泛地当作是一个人权**条约**。实际上，它不是——它根本没有任何法律拘束力。但是它的政治影响力一直是相当得大。

赫尔辛基最后文件宣布了10项原则。第七项原则指出，参与国"将尊重人权和基本自由"，并且"将履行其在此领**域内或应受到约束**的国际宣言和协议中所载各项义务"。仅仅几个月之后，联合国人权两公约就生效了，并为所有东方阵营国家和一些已经批准了单个或两个《欧洲人权公约》的西方阵营国家所批准。现在，两公约所有35个参与国中，只有4个国家不受任何全球性或区域性的人权条约约束：梵蒂冈、摩纳哥、圣马力诺和美国。

然而，每当一个参与国指责另外一个国家没有遵守第7条原则的时候，另一个国家就会援引第6条原则反驳说："参与国将避免对属于另一个国家国内管辖范围内任何直接或间接事件予以干涉……"这个路线原则体现了国家主权学说，在《联合国宪章》第2条第7款中亦有所描述，"本宪章不得认为授权**联合国**干涉在本质上属于任何国家国内管辖之事件"。但是,今天看来,这种观点是根本站不住脚的——更何况事实是公开的批评不是所谓的"干涉",一直以来很清楚的是,一个国家任何疏于遵循其**法律**义务的行为一定是其他国家**合法**关心的事件(更何况联合国作为一个政府间的国际组织呢)——即使,当下,这种义务可能与国家在其领土范围内对待其国民的方式有关。

到目前为止,所讨论的最重要的是第十项原则:"在行使其主权权力时,**包括确定其法律和规章的权利**,它们(参与国)将遵照它们国际法项下的诸项义务……"经过两年多旷日持久、白纸黑字的协商,所有成员国都无条件接受这样一个事实,即当今的国际法甚至能够限制诸国随意立法的主权权力。

1975 年赫尔辛基国际安全与欧洲合作会议

8
规则的实施

我们现在需要分析一下这些文书所运用的技术——其中一些技术是非常复杂的——以便看明白它们是如何发挥作用的。它们都竭力向主权国家施加义务,以确保生活在其权力管辖范围内的个人享受到他们应有的权利和自由;制定有关这些权利和自由的一般性规则;并且以恰当、准确的语言定义每一项权利和自由。接下来,让我们去看看这些是怎么实现的吧。

国家义务

在首次被通过的时候,《世界人权宣言》和《美洲人的权利和义务宣言》都没有打算成为具有法律约束力的文书,两者都不包含任何向国家施加具体义务的条款。正如我们在第七章中所看到的那样,如果可能的话,类似的宣言只能依据后续的事件来施加义务。

从另一方面来讲,条约旨在明确地为其成员国创设义务。因此,我们必须首先来了解一下它们所创设义务的精确措辞。通过观察,我们发现存在两类具有非常明显区别的国家义务:一种被称为绝对的、直接的义务,另一种被称为相对的、渐进性的义务。第二种义务只在《经济、社会和文化权利国际公约》和《欧洲社会宪章》中能够找到。其他所有全球性和区域性条约中所规定的义务都是绝对的、直接的，也就是说，自国家接受公约约束之日起，这些义务对每一国家产生完全的效力，而不论该国可利用的资源情况如何。《公民权利与政治权利国际公约》第2条第1款对此有经典的表述："本公约每一缔约国承担尊重和保证在其领土内和受其管辖的一切个人享有本公约所承认的权利……"

为了清楚地表明这项关于义务的规定颠覆了迄今为止大家所公认的国际法原则——国内立法是一个主权国家的内部事务，其他国家不得干预——公约第2条第2款继续明确规定，当成员国相关法律还没有规定相应条款的时候，该国须保证"采取必要的步骤，以采纳为实施本公约所承认的权利所需的立法或其他措施"。

因此，当任何一个国家在未作相关保留声明的情况下，批准或加入了某个具有绝对的、直接的义务的公约，就有可能客观地甄别该公约所保护的权利是否得到了充分的尊重。首先要检查该国的法律和行政性程序，看看它们能否对相关权利予以充分保护；接下来要审视这些法律和程序在实践中是否得以完全地适用和执行。任何地方证明其结果并非如此的话，那么该国就违反了国际法律义务。

然而，当义务是相对的、渐进性的时候，情况就大不一样了。在《经济、社会和文化权利国际公约》第2条第1款中有这样一段典型的描述：

> 每一缔约国家承担尽最大能力个别采取步骤或经由国际援助和合作，特别是经济和技术方面的援

助和合作，采取步骤，以便用一切适当方法，尤其包括用立法方法，逐渐达到本公约中所承认的权利的充分实现。

在这里，评价标准同样是客观的。但是在适用过程中，不仅需要关注成员国国内的法律及其适用、执行情况，还需要评估该国可利用的资源，并且判断它是否最大限度地使用了这些资源、是否尽其所能以最快的速度取得进步。

《欧洲社会宪章》中所规定的义务似乎是个混合体。在第一部分中，采用了类似《经济、社会和文化权利国际公约》的措辞来规定成员国的义务：它们"将该公约作为其政策的导向，采取一切符合国内法和国际法的适当方式，尽可能地使下列权利和原则得以有效地实现"。然而，紧接着，在第二部分，是这样描述的："成员国承诺接受下列条款、段落中所规定义务的约束……"这种描述字里行间透露着绝对的、直接的意味，而无半分相对的或渐进性的暗示。

不过，不论这些义务采取什么样的表述方式，它们以保护一个得到各方认可的新国际秩序为名，将它们可以做什么的规则强加给自己的居民，使古老的国家"属人主权原则"作出了一个重大的牺牲。

不歧视原则

所有人权都具有的一个显著特征是它们都具有普遍性：正如我们在第五章中所看到的那样，它们是全人类与生俱来的权利，是不可剥夺、不可转让的。按此逻辑，我们势必会得出这样一个结论，对不同个体的人权不得予以区别对待：

没有任何个人的特殊属性赋予他或她比别人更多或更少的人权。

因此,严格来说,一旦条约中出现"人人"都拥有条约中所列举权利的字眼时,就不必再明确地提出要禁止歧视了。不过实践中,曾经出现的最严重的侵犯人权的情况就是歧视——针对具有某一共同特征(例如肤色、宗教、语言、等级或阶级、性别或者政治理念)的特殊群体,实施差别对待。由于这个原因的存在,《世界人权宣言》以及其他所有条约(只有《欧洲社会宪章》除外)都包含一个明确的禁止歧视条款,以最明确的语言规定,对于个人享有的条约赋予的权利和自由,禁止给予任何种类、基于任何理由的歧视。并且,虽然不同公约所规定的禁止歧视的范围可能会略有不同,但是最基本的禁止歧视的范畴均包括种族、肤色、性别、语言、宗教、政治或其他见解、国籍或社会出身、财产、出生或者其他身份。

这一条款对于每一个规定它的条约和一般国际规则来说,都是至关重要的。正如第五章中所提到的那样,它不仅仅是一种诸如"所有人都是平等的"的情感呼吁,它是一项具有非常强的法律效力的条款,与为成员国创设义务的条款一起,统摄着条约的全部实质性内容。这对于那些附带着相对的、渐进性国家义务的权利而言,尤其重要。以多次被讨论到的《经济、社会和文化权利国际公约》第 6 条所规定的"工作权"(本书第十三章将有更详细的论述)为例。很显然,即使是最富有的国家也不能确保它的每一位居民都始终能够获得他们想要的工作。这也正是为什么这项权利所对应的国家义务不是绝对的、立即的，而只能描述为"尽最大能力，采取步骤……逐渐达到"这项权利的"充分实现"。但是，如果一个国家的政策中规定，确保某一种肤色的人获得责任更加重大、更有趣、薪水更高的工作，而艰苦、无聊、低薪水的体力工作由另一种肤色的人担任，若该国家是公约的成员国，那么这就明确地违反了国家的法定义务——因为就工作权而论，这是基于肤色差异而予以的歧视。

不过，一般的不歧视条款并不只在实现那些所对应的国家义务是相对的、渐进性的权利的过程中才发挥重要作用。例如，多年来，斯特拉斯堡的机构一直将这一原则运用于《欧洲人权公约》所保护的每一项赋予成员国绝对的、即时性义务的实体权利。在这一发展历程中，这些机构已经为公约条款的适用和解释积累了一套强有力的手段。

当然，不歧视条款也有其具体的适用范围，允许相关权利受到条约所列举的特定情形下管制或限制条款的制约（见下文）。例如，如果一个国家限制某一项权利的实现，并声称这样做符合条约的规定，然而，此种做法事实上会使某个群体的人们受到不公正的歧视，那么，这个国家就违反了它的条约义务。于是，人们开始寻找适用不歧视原则的界线，因为一定存在某些条件，在这些条件下，歧视实际上是合法的。例如，当人们由于犯罪而遭到拘禁时，他们的自由权事实上被剥夺了，可是，如果他们以遭受歧视为由向法院提起诉讼并获得胜诉而重获自由的话，那么人权法就是一部非常不切实际的法律。再比如，那些有阅读障碍或写作障碍的人如果因此不能应聘学校老师的岗位，他们也很难控诉这是对自己不利的歧视。类似这样的"合理的歧视"不仅涉及人们的行为或天资，甚至也延伸至那些被条约明令禁止歧视的领域，如宗教、种族等：一个犹太团体很难任命一位天主教教徒作为他们的拉比，同样的，人们也不会期待一个黑人女孩会被选作防晒油广告的模特，或者是一个白种男人在一部关于马丁·路德·金的生活与工作的影片中担任主角。

马丁·路德·金博士在发表演讲

在"合理歧视"与"不合理歧视"之间划线的问题一直困扰着许多法院——有国内层面的，尤其是美国和印度的最高法院，因为这两国的宪法中都包含反歧视条款；也有国际层面的，如斯特拉斯堡的机构。从广义上而言，它们都会作出极为相似的结论。区别的标准必须是客观的，它必须具备一个合理的目标，在所采取的措施与所寻求实现的目标之间必须把握合情合理的分寸。

如此一来，公约中只有两个明确的例外情形：《经济、社会和文化权利国际公约》第2条第3款允许"发展中"国家"在适当顾及人权及它们的民族经济的情况下",对"非本国国民"所享有的经济权利(而不是社会、文化权利)区别对待;《欧洲人权公约》第 16 条允许成员国限制外国人的政治活动。

歧视也是两个专门条约的主题:《消除一切形式种族歧视国际公约》和《消除对妇女一切形式歧视公约》。在这两个公约之下,分别成立了专门委员会来监督公约的执行状况。

紧急状态

另一个普遍适用的条款可以在除《经济、社会和文化权利国际公约》和《非洲人权和民族权利宪章》之外的所有条约中找到(两个宣言中也没有)。该条款允许成员国在战争或者其他威胁国民生命的公共紧急事件发生时,克减条约中的某些规定。克减在这里仅仅指,在条约设定的限度内,发生紧急事件的国家可以暂时地免除遵守相关条款的义务。不过,这个限度非常严格:首先,是否发生了战争或其他威胁国家生活的紧急事件,其本身就需要接受客观标准的核查。1967 年夺取希腊政权的"军政府"曾宣布国家处于危及本国生存的公共紧急状态,并以此为借口,屡次侵犯希腊加入的《欧洲人权公约》所保护的各类人权。在经过充分的调查之后,欧洲人权委员会认定事实上并不存在这样的紧急状态。其次,国家所采取的克减人权义务的举措必须严格限制在"为控制紧急事态所必需"的程度内。这同样是一种客观性的审查。最后,有些权利在任何时候都不允许被克减,特别是生命权、免受刑讯逼供和虐待的自由、免受奴役的自由以及刑罚不溯及既往的权利。这些权利因此被称为"不可被克减的权利"。

1967年，希腊坦克在雅典街头

《经济、社会和文化权利国际公约》中没有克减条款的规定，这看起来有些令人好奇。它和与之并行的《公民权利与政治权利国际公约》都保护工会权利。一个批准了这两项公约的国家——只有非常少的国家只批准其中一项公约而不批准另一项公约——很显然就不能在一个公共紧急事件中，采取克减工会权利的措施。因为即使《公民权利与政治权利国际公约》允许这么做，《经济、社会和文化权利国际公约》也不会认同的。同样的值得关注的是，《非洲人权和民族权利宪章》——所有这些条约中最新的条约——根本没有任何克减条款的规定。

权利和自由的界限

俗话说，一个人行使自由可能构成对另一个人自由的侵犯。正如一句美国法谚所生动描述的那样，"一个人挥舞胳臂的自由止于别人的鼻尖"。对于每一项权利和自由而言，必须划定明确的界限。的确，在尝试定义一项权利或自由时，必然产生划分界限的问题，因为如果不能区分某一事物与同一领域内的其他事物的差别，就不能逻辑地定义任何事物了。

有几种方式可以用来定义权利的界限。一种常常被用在社会主义国家宪法中的方式是既规定权利又确立义务，以使得对权利的限制由义务来设定。例如，我们可以说"人人享有言论自由的权利"，随后规定"人人承担不诽谤国家的义务"。另一种方式是借助"滥用"权利的概念。这里先明确每一个人的权利，接下来规定每一个人不得以剥夺他人权利的方式滥用自己的权利。最后，国家可以尝试为所有的权利划定一般性的界限，也可以为具体的权利确立明确的界限，尽可能详细地规定每一项权利在哪里或者为什么必须停止实施。

国际文件运用了上述所有方式，不过方法不同。《世界人权宣言》和《美国独立宣言》的独特之处便在于没有运用上述最后一种方式：所有权利的概念均不包含任何具体的限制或例外。但是它们都有一段有关义务的规定，以及另外一段一般性限制的规定。例如，《世界人权宣言》第 29 条规定如下：

(1) 人人对社会负有义务，因为只有在社会中他的个性才可能得到自由和充分的发展。

(2) 人人在行使他的权利和自由时，只受法律所确定的限制，确定此种限制的唯一目的在于保证对旁人的权利和自由给予应有的承认和尊重，并在一个民主的社会中适应道德、公共秩序和普遍福利的正当需要。

在一些条约中，只有《美洲人权公约》和《非洲人权和民族权利宪章》遵从这种模式。而在这两公约（即 ICCPR 与 ICESCR——译者注）中，义务只在序言中有所提及。《经济、社会和文化权利国际公约》第 4 条也规定了与《世界人权宣言》第 29 条第 2 款大体相同的一般性限制条款。

保险起见，《世界人权宣言》以及所有的公约（《经济、社会和文化权利国际公约》和《非洲人权和民族权利宪章》除外）都包含一个禁止权利滥用的条款，《世界人权宣言》第 30 条就是一个很好的范例："本宣言的任何条文，不得解释为默许任何国家、集团或个人有权进行任何旨在破坏本宣言所载的任何权利和自由的活动或行为。"

对此，公约中往往加上"或限制此种权利和自由逾越本公约规定之程度"作为补充。

对于少数一些权利而言，例如免遭刑讯逼供的权利、免受奴役的权利等，《世界人权宣言》中的表述就足够了，甚至在其他公约中也是如此。但是对于许多其他的权利而言，公约就倾向于采用更为准确的表述来具体地定义每一项权利的边界。为此，它们采用如下表述方式，由三个独立的、同等重要的要素构成：

（1）对权利的限制只能由法律来规定，也就是法定原则必须得以遵守。

（2）对权利进行限制的法律一定是"必要的"，而不仅仅是有用的、合理的或是值得的。（通常公约在此处还会加上"在民主社会中"。）

（3）它必须旨在保护一项或多项受到严格规范的公共利益，会根据权利不同而有所差别，这些公共利益通常包括国家安全、公共安全、公共秩序、公共健康、公共道德，以及其他一些权利和自由。

这种表述方式需要遵循解释法律文本的基本原则——借用一句古老的罗马格言——这样一个文件中的语句必须常常从不利于那些希望依此获取利益的人的角度来解释。因此，如果国际公约中的一份文件宣布了一项权利，但附加说明成员国可以制定法律来限制这项权利，且这一限制是保护民主社会中诸如公共健康之类的权益所必需的，那么，相关国家仅仅声称已经完成了上述事项是不够的。公约施加于它的义务是要切实制定准确的法律，说明在任何一个民主社会里这样的法律都将是必要的，并证明该法律事实上保护了公共健康。在阅读、理解这些具体的限制条款时，须时刻铭记这些条款应被严格地和狭义地解释，否则，人们可能产生一种错误的印象，即主要条款所规定的内容被限制条款悉数否定。不过事实上，很多限制性条款目前已被相关国际机构的决定所确认，特别是位于斯特拉斯堡的欧洲人权委员会和欧洲人权法院，已经对诸如国民安全、公共秩序、公共健康之类的表述作出了官方解释。

人权的分类

放在一起统计来看，所有的国际公约共规定了约四十或五十种权利和自由。人们习惯于对事物进行分类，他们对于只具有单一性质的事物很少感兴趣。对于每一种事物，都一定要发现它与其他事物之间所存在的共性，从而将它们归入某一种类或范畴。人们对待客观事物如是，对待思维产物也是如此，这其中就包括人权。不论是律师、哲学家还是政治家，似乎都不愿意孤立地看待每一项人权：他们一直以来都在为发明新的范畴而努力，从而使这些权利能够很方便地被分类。

最常采用的分类标准是"公民和政治"权利（由《公民权利与政治权利国际公约》《欧洲人权公约》以及《美洲人权公约》所规定）以及"经济、社会、文化"权利（由《经济、社会和文化权利国际公约》和《欧洲社会宪章》所规定）。如果人们只接触这些条约，那么这个分类标准就已经足够方便了。但是，从这个分类标准得出的任何关于这些权利之间基本差异的结论未必是合理的——这一点突出地反映了联合国两公约在谈判过程中所经历的"冷战"时期的分裂状态——并且，遗憾的是，世界两大思想阵营持续分裂，它们分别将自己描述为"自由主义者"和"社会主义者"，但是称对方为"资本家"和"共产主义者"。前一种称呼充满着自豪感，后一种称呼透露着轻蔑。事实上，这些公约之间的区分是十分武断的，因为一些相同的权利同时受到两个公约的保护，例如，工会权利和对家庭的保护。

有人认为，区分标准有时还是能够反映积极权利与消极权利或"昂贵的"权利与"免费的"权利之间真实的区别。但是更进一步的分析同样证明这样的分类是没有根据的。一些传统的"公民与政治"权利要求国家的实质介入，花费了大量的金钱和资源，例如，为了保护个人免受任意逮捕和拘留的自由，和受到一个有法定资格的、独立的、公正的法庭公平审判的权利，国家必须招募、培训警员、检察官和法官并向他们支付很高的薪水。相反，允许工会建立各种协会，或是允许每个公民参加文化生活，并不需要政府的介入，也不需要耗费国家的资源和钱财——而这两者都被划分为"经济、社会和文化"权利。由于所涉成本存在差别，它就呈现出了两公约所施加的义务类别的不同。

　　其他的分类方法也被尝试过。例如，公约中的一些条款，表述积极的被称为权利，表述消极的被称为自由。这种分类有时被认为反映出了法哲学家对于"权利"与"豁免"的区分。但是，进一步的分析再一次表明，公约文本中存在的显著差异通常不过是语言变故所致。比如，人们可以这么说："每个人都拥有不遭受酷刑的权利"，或者用具有同样效果的方式说"每个人有免受酷刑的自由"。事实上，公约通常不采用这些表述方式，它们仅仅会表述为"任何人不得遭受酷刑"。有时，它们甚至会在同一个句子里将权利和自由合并使用，比如"每个人拥有自由表达的权利"。

　　人们在尝试依照反映个人政治或意识形态偏见的标准来对人权进行分类的时候，必须时常警醒自己按照某种重要性顺序来排列、区分人权的危险性。这当然也是有两个公约而不是一个公约的原因之一：社会主义国家坚持经济、社会、文化权利应处于显著地位（"人权开始于早餐之后"），而西方国家坚持公民与政治权利要处于显著地位（"人权开始于警察局"）。尽管这两个公约相互独立并对成员国施加不同类型的义务，但是它们具有平等的地位，彼此间均不享有任何正式的或重大的优先权。（事实上，这两个公约都在其序言中规定，另一公约所述及的权利与其自身所规定的权利是同等的。）此外，不论是最早的文件（《世界人权宣言》和《美洲人的权利和义务宣言》）还是最新的公约（《非洲人权和民族权利宪章》），均没有对人权的种类作出任何划分，甚至对于类似的国家义务也不作性质上的区分。

只有将所有的人权放在一起的时候，人们才能够避免以下有趣的理论问题："赋予一个饥饿的人自由能有什么用处呢？""一个吃饱饭的奴隶会不感到满足吗？"，或者"受贪婪的地主剥削被饿死遭罪呢，还是因冒犯国家元首而被打死更遭罪呢？"对于人类而言，地位平等与人权同等重要，因为一旦人们开始采用某种重要性顺序来对人权进行排位，滥用之门也就会被敞开了。政府基于各种动机时常想要剥夺人权，一旦它们被允许建立起自己的一套等级顺序理论，那么，那些不方便实现的权利就会被排在那些带来更少麻烦的权利之后——这样做只是为了更方便地消减这些权利的内容和地位，从而得到所谓的"优先"权利所带来的好处。因此，这样的排序必须被不遗余力地予以排除，同样的，也要避免任何导致这种排序的分类。既然关于起草的无果争论已经过去了很久，文本已经获得批准，公约已具有充分效力，并且联合国大会从 1950 年就开始呼吁——最近的呼吁见于联合国 1977 年 12 月 16 日 32/130 号决议——所有的人权都是"相互依赖和不可分割的",我们最好搁置下所有这些学术争论不议。相反,对于每一项权利,我们应当仔细看看文本对其作出的描述,问一问自己:这项权利或自由确切包含哪些内容?它所对应的国家义务是什么?在战争时期或公共紧急事件发生时它能够被克减吗?权利的边界在哪里?一个国家可以合法地对其设置何种限制?

救济条款

在即将进入本书第三部分之前,还有一个更重要的问题需要考虑。《世界人权宣言》《公民权利与政治权利国际公约》以及三个区域性条约——《欧洲人权公约》《美洲人权公约》和《非洲人权和民族权利宪章》,但不包括《经济、社会和文化权利国际公约》和《欧洲社会宪章》——均要求国家确保人权或自由遭受侵犯的每一个人能够获得"有效的救济",而不论这种侵犯行为是否是国家官员或代理人所为;并且,如果一项救济获得认可,国家主管部门将以强制力保证其得到执行。这一点极其重要,因为如果不存在这样的救济,那么公约所授予的权利和自由将仅仅停留在纸面上。因此,我们现在就从国内和国际两个层面来看一看救济措施。

9
国内救济

我们记得，实证主义法学家认为，一项权利除非能够被强制执行，不然谈论它是毫无意义的。在这里，他们遵循的是那古老的罗马谚语，"有法律救济的时候，才有权利可言"。事实上，这个观点备受争议：另一派罗马律师主张"有权利，就（必须）有救济"。不论人们支持哪种观点，事实仍然是，如果一项权利没有任何救济的话，那么，这项权利对于人们就没有实际意义，它是否还值得讨论将只是哲学家们感兴趣的命题了。这也正是为什么国际公约包含了诸如要求每一个国家为权利受到侵犯的公民提供"有效的"救济之类的条款。

法律的位阶

实际上，这是每一国家在国内层面建立一套完整和正常运行的人权法律体系的一个必要条件。由于成员国已经承诺尊重和确保有关的权利与自由，因此，当权利未被尊重或确保时，国家也必须提供一套救济措施，其中，最有效的方式就是制定适当的法律，并建立起一套强制实施它们的制度体系。

一个国家如何建立这样的体系取决于它独有的宪法和法律制度。目前世界上几乎每个地方的国内法都按法律位阶排列。在最顶层是宪法,所有国内机关自此获取其权限、职能和权力。这其中包括立法机关,它制定法律的权力源于并受制于宪法:立法机关只能通过那些宪法允许其制定的法律,如果它试图超越此权限,那么相关的法律将因违背宪法而无效。在宪法和法律之下,是许多更具体的行政法规,通常经由法律授权的行政机关来制定。同样的,制定行政法规的权力须在授权范围内行使,超出授权范围制定的行政法规将因超越权限而无效。在判断一个法律的位阶是否高于另一法律时,一定要看前者能否限制后者的内容,如果它可以,那么它的位阶就更高。

例如,一部《道路交通法》可能授予政府部长制定有关机动车制造和使用方面的详细法规的权力:机动车前后应有多少盏灯,这些灯应当是什么颜色的;它们可以在路的哪一侧行驶;驾驶机动车的人最低年龄是多少,等等。但是,如果政府部长试图利用《机动车(制造和使用)规章》来规定铁路部门可以收取的最高票价,那么该条款肯定是无效的,因为这超越了该法赋予他的权力。

在所有拥有成文宪法的国家中,同样的规则也适用于议会的法案。因此,如果宪法赋权立法机关制定法律(通常被称作"一般"法律,以此区别于更高位阶的法——宪法)来规范国内的交通事务,那么这就是立法机关能够通过一项《道路交通法》的渊源所在。但是,如果该法随后规定某个宗教或肤色的人不得驾驶机动车,或者赋予政府部长制定关于驾驶员宗教或肤色的行政法规的权力,那么人们应当翻阅一下宪法,看看这条规定是否在立法机关的权限范围内。如果宪法中有诸如"鲁里坦尼亚王国的法律不应基于宗教或肤色的不同而有任何歧视"之类的规定，那么，《道路交通法》中的这样一条规定，或是基于该法的这条规定所作的其他规定，都是违宪的，因而无效。如果宪法对此没有任何规定，单就鲁里坦尼亚王国法律而言，这些歧视性法律或法规就可能是有效的。

因此，对于一个国家而言，宪法是"设置"人权法最好的地方，这样一来，可以防止民主选举的立法机关制定侵犯其居民人权的法律。上述侵犯是有可能发生的，特别是在那些有不受欢迎的少数人群体生活的国家中，对大多数候选人而言，这些少数人群体的选票在议会选举中是无足轻重的，因此，他们更关心如何获得多数人群体的支持。民主可以是防止个人暴政的一个有效的措施，但它却没有提供任何防止"多数人暴政"内在的保护措施。

二元论与一元论

现在，我们假设鲁里坦尼亚王国已经批准了一项或多项国际人权条约。这会对鲁里坦尼亚王国现有的法律产生什么影响呢？答案取决于鲁里坦尼亚王国的法律体系在另一个问题中持何种立场，即国际法与国内法之间的关系问题。对此，法理学家持有两种不同的观点。

其中一个思想流派——二元论者——认为这是两类不同的、相互独立的法律：它们产生于不同的法律渊源，调整不同的法律关系，存在实质上的不同。二元论者认为，在一个国家内部，具有最高或起主导作用的法律永远是国内法，国际法只有在获得宪法或立法机关明确承认的时候，才可以成为国内法的一部分。对此持相反观点的是一元论者，他们认为，只可能存在一个法律体系，国内法和国际法只不过是法律体系中两个不同的方面，二者调整相同的事务，具有同等的约束力，它们仅仅是单一的合法性概念的不同表现而已。他们主张，国际法代表着这个单一体系的最高等级，因此它的效力高于国内法律，甚至超过各国宪法。

在二元论观点盛行的国家中，国际法不会被自动地适用。比如，英国就持有这样的立场。在这样的法律体系中，一个国际条约根本不具有任何效力，除非议会通过一项法案确认它的效力。而在一元论观点盛行的国家——诸如法国和美国——自该国接受一个条约管辖之日起，该条约就成为该国法律的一部分，那些规定足够清楚和明确的条款随即就能够"自动执行"即直接生效。

这种理论和实践中所存在的不同将对国家履行国际条约义务的行为产生何种影响，取决于我们是从国际层面还是从国内层面来解读它。从国际层面来看，无论一个国家采用二元论观点还是一元论观点，结果都是一样的：一个国家如果已经承诺履行某项有约束力的义务，它就必须执行，该国任何国内法条款都不得作为它不履行此项国际义务的借口——即使是国内宪法也不行。然而，从国内层面来看，一国的法律体系究竟采用二元论观点还是一元论观点将会产生很大的不同。如果采用一元论，那么新产生的国际义务将直接生效；如果采用二元论，国际义务只有在立法机关将其并入或转化为国内法律一部分时才产生效力。

法治

当鲁里坦尼亚王国接受某项国际人权条约的约束时,就会面临上述这些问题。如果它采用一元论法律体系,条约中那些规定足够清楚和明确的条款将立即直接产生效力;如果它推行的是二元论法律体系,那么只能由鲁里坦尼亚王国议会制定一部新的法律,赋予其强制执行力——当然,除非鲁里坦尼亚王国能够如实地说,公约要求其尊重和确保的所有人权与自由已经得到该国现有国内法律充分的保护。不论采用哪种程序,只有鲁里坦尼亚王国的所有居民在其受公约保护的权利和自由遭受侵害之时,都能够获得有效的救济,该国才算是遵守它的新国际义务。若非如此,鲁里坦尼亚王国就不算是履行它所承诺的义务。

如今,在任何社会中最具权力的实体,也是人权最大的潜在侵害者,就是依靠其公共机关、官员和代理人运转的国家本身。因此,鲁里坦尼亚王国有义务建立——如果它目前还没有建立的话——一套为其居民提供救济的甚至是对抗自身权力的体系。这会是非常值得期待的,但是鲁里坦尼亚王国已经自愿地选择遵守条约,一旦它这么做了,国际法就要求它必须依照"诚信原则"来履行其新的义务。因此,鲁里坦尼亚王国需要制定保护相关权利和自由的法律制度,一部确保个人在受到任何侵犯时可以获得救济的法律,一个确保这些救济在法律上和现实中甚至在与国家发生对抗的情况下,都得以有效执行的制度。

这就是一个所谓的正常运行的国内人权法体系。以禁止酷刑的规定为例。一旦鲁里坦尼亚王国受此禁止条款的约束，它必须要有：一部禁止酷刑的法律；在其警察和武装部队中以及监狱或者其他拘禁机构内规定相应的行政和纪律措施，以确保酷刑不被使用；被拘禁的人能够投诉的法院；以及一项确保法庭判决的赔偿能够充分、按时地给付的制度，该制度也能使那些实施酷刑的官员在经过公正、公开的审理之后受到应有的惩罚。

上述所有这些必然地呈现出我们经常所说的"法治"：合法性原则要求应当有法律规定国家可以做什么或者不可以做什么，人们才能够据此来判断任何权力或者任何对这项权力的行使是否是合法的；一套独立于国家其他所有机关（包括立法机关和行政机关）的法院体系，解读和适用那些法律。司法机关的完全独立是整个法治概念的核心，因为一部法律的全部关键便在于它必须被认为是公正的，并且任何有一己私利的人或者屈从于任意一方当事人朋友（特别是其来自国家机关或某个公共权威机关）的非法干涉的人，不得成为法官。同样重要的是，还需要存在敢于代表不受欢迎的委托人对抗国家权威的独立的法律界。早在1792年，托马斯·厄斯金（Thomas Erskine）爵士回应了一场反对他的下流运动，这场运动的起因仅仅是他同意为由于出版《人类的权利》而遭到指控的托马斯·潘恩（Tom Paine）提供辩护。他用嘹亮的声音表达了这一观点：

> 当任何律师能够被允许在其日常执业的法院里说，他将站在或者不站在王权和被指控的当事人之间时，英国的自由从那一刻起就危在旦夕了。

人/类/的/法/定/权/利

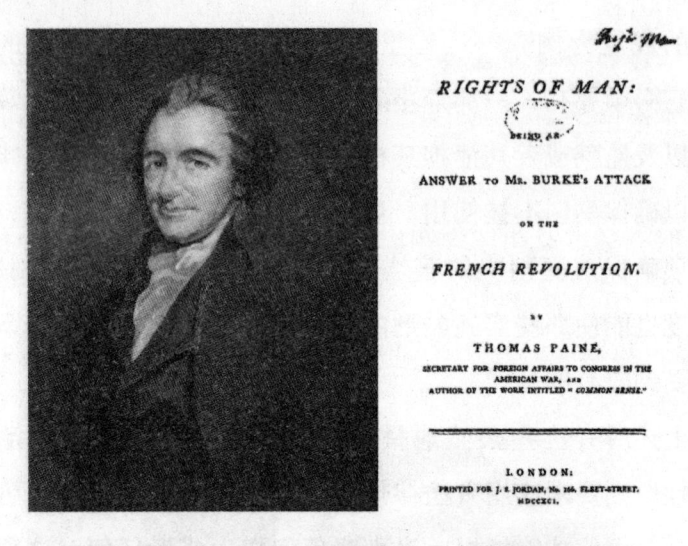

托马斯·潘恩和他的代表作《人类的权利》

"第三人效力"

国家须对其自身、公务机关及其官员和代理人的侵害行为提供有效的救济。但是对于那些非国家机关组织成员所为的侵犯居民人权和自由的行为，国家是否有义务提供有效的救济呢？例如，假设，在鲁里坦尼亚王国中，我遭到了虐待成性的叔叔的酷刑折磨，或者因为我隶属于（或拒绝隶属于）某一个工会组织而丢掉了工作，或者我的个人隐私受到一家私人报馆的侵犯，那么，鲁里坦尼亚王国应该为此做点什么呢？

这是一个颇有争议的问题，因为还没有简短的英文解释。但是在联邦德国，类似的问题出现在与其宪法所保护的"基本权利"相关的情形下，他们称之为"基本权利的第三人效力"。因此，第三人效力就成为我们目前能够想到的最好的办法。

　　一般而言，对这个问题的回答是，在一定范围内，存在一些第三人效力，即国家通常须对任何人实施的侵犯人权的行为提供有效的救济，而不能只管与其相关的那些事情。因此，鲁里坦尼亚王国的法律必须禁止任何人实施酷刑，而不只是限于各级官员，并以法院判决我叔叔向我赔偿的方式来为我提供救济，在需要的时候还要强制执行法院的判决。同样的，法律必须禁止所有雇主仅仅因为我属于某一工会组织就将我辞退，否则就侵犯了我受公约保护的结社自由。不过，当论及我不参加某一社团的自由时，事情变得有点困难。不过，在 Young、James 和 Webster 诉英国的案例中，欧洲人权法院判决认为，如果根据一国法律规定，一个雇主可以解雇我而不受处罚，仅仅因为他在雇用我之后与某一特定工会达成协议，从此以后他只雇用该工会的成员，如果我不加入该工会，其结果就是我在自己所熟悉的这个行业内再也找不到其他工作，那么，该国家就违反了其尊重个人结社自由的义务。如果发生了上述情况，而且依据国内法律，我没有"有效的救济手段"来对抗雇主或工会的话，那么该国家就没有尽到它在公约中承诺履行的义务，它因此必须赔偿我。

　　与此同时，第三人效力也受到一定的限制。例如，人们虽然享有生命权，但这不意味着国家必须为每一位居民提供终身保镖。国家需要做的不仅是防止自己杀人，还要制定一部有效防止谋杀的法律，以及采取一切可能的措施来保护人民免遭其他本可以避免的生命威胁，比如，要关心婴儿死亡率和药品安全问题。

　　这些是国家在其国内法律体系中需要履行的义务。但是监督国家履行情况的问题就接踵而来。一些国家会声称它们已经完成了所有它们有义务做的事情，可是事实上它们并没有做到。另外一些国家真诚地相信它们已经完成了所有要求它们做的事情，可是事实上还存在一些它们没有注意到的差距或漏洞。基于上述种种原因，在国际层面必须建立监督机制，其职责是认定某一特定国家在某一特定情况下是否遵守了它该承担的国际法律义务。我们接下来就要研究这个问题。

10
国际救济

令人遗憾的是，国家善意履行人权领域国际法律义务时，在"善意"程度上相差很大。极少数国家做得非常好，它们直到通过所有必要法律，作出所有其他必要的国内安排之后，才会批准这样的条约，以确保一旦受到约束它们能够完全遵守规定。而在另一个极端，一些国家批准了所有能批准的公约，然后根本不去履行它们具有法律约束力的承诺。

激励和惩罚

在国际法的其他领域里，这也有可能发生，但并不这么常见。原因是大多数其他国际公约更像是商业合同，其中涉及双方（或全部）缔约国都可获利的交易。正如在商业合同中，履行这些合同符合每一方的利益——因为，如果一方不履行合同，另一方也不会履行自己的部分，而最初不履行方则会因此受损。若你不支付约定的价格，我就不发货，那是你付款主要的动机，也是我主要的反制手段。（如果还有一个能够强迫你支付货款的法院的话，可能还会有其他促使你付款的原因。）

对于人权公约而言，并不存在上述"激励和惩罚"。若是鲁里坦尼亚王国和艾库安巴王国签署这样一个公约，假如一方未履行义务,双方都不会遭受任何直接损失,双方通常也不会从对方的履行行为中获得利益。更糟糕的是,双方政府可能会感觉到自己遭受了损失——如果它们果真履行了的话,那么,在它们行使控制自己臣民的权力方面损失不小。尽管是各国政府签署这些公约,但问题是获利者并非政府而是它们的臣民,但是这些人并不是公约的缔约方。这就好像子女要结婚,双方父母同意给他们买一栋房屋来居住,而后却改变了主意,把钱花在了其他地方。父母不会因破坏约定而遭受损失,而子女不会得到任何救济,这是因为他们不是协议的当事人。

那么政府为什么要签署这些公约呢?或许出于以下原因。一些政府确实考虑要改善国内的状况,特别是如果它们是被民主选举出来的,而那是它们的选民的意愿的话。一些政府对改善别国状况感兴趣,这可能是因为它们的选民对此很关心,或是为了追求它们自己的开明自利,因为它们希望这能改善它们与那些国家的关系。一些政府仍相信,对人权的尊重会有利于建设一个和平世界。但其中最主要的动机是一个形象工程:它们希望提升自己在国内外公众心目中的形象。这可能不是最值得赞扬的动机,但却变得越来越强劲。随着世界联系日益紧密,国家与国家间愈发地相互依赖,沟通增多了,媒体的力量变得更加强大,所以国际舆论的力量愈发凸显。正如美国介入越南战争的结局所显示的那样,即使是超级大国也承担不起忽视它的代价——尽管苏联入侵阿富汗的例子与此截然相反。但对于那些力量稍弱的国家来讲,它正成为影响和限制它们国内政策的一个越来越重要的因素。当今世界很少有国家认为，由于它们对待自己国民的方式而能够安然地冒险成为受人鄙视的国际败类。

1971年4月24日美国华盛顿特区的反战游行示威。

然而，这种风险并不如人们期望的那么高。国家必须与他国共存，但它们却可以自行决定自己在国内的所作所为。如果村子里只有一位屠夫，他打老婆的事实不足以说服我多走上几公里的路去别的地方买肉。如果我抵御敌人的主要盟友是个打孩子的家伙，在我能够找到一个更有人性的支持者之前，我会发现忽略这不太可爱的缺点是明智的。我甚至会在为这一决定找借口的过程中遭受诱惑，而认为别人的家务事与我无关。

并且，尽管看起来令人遗憾，但或许可以理解政府并不常常关注别国人权事务，除非这碰巧符合它们特定的外交政策利益。即使它们处于一种在公共场合习惯性相互抨击的政治局面中，但当其中一方意识到，它们在一些重要的货物贸易或世界战略性联盟中非常需要对方的时候，人们常常看到的是它们对相互间的国内人权纪录保持惊人的沉默。这很容易理解：如果你是一个外交官员，你唯一关心的是保护并提高本国的外交利益，你可能不认为你的工作会需要你去批评某一需要维持贸易或战略关系的政府的相关国内人权纪录，而使得上述利益处于危险中。

基于以上原因，不能依靠各国政府将每一个无视其国际人权义务的国家树立成一个公开的败类。但败类是一回事儿，一个违法者就是另外一回事儿了。若是这些事项处于国际法管辖的范畴内，且存在独立的国际法庭能对法律义务的履行情况予以裁判，那么，有两个原因让这一事项会处于截然不同的处境：受损害的个人据此可能得到本应该获得而在国内无法取得的救济；不仅是侵权政府的公共形象，还有它核心的合法性会受到质疑。长远来看，这是任何一个政府都不敢承担的风险。因为，一旦它不再是一个合法政府，那么，其他任何人（外国敌对势力和国内反对者）起来推翻它就变得合法了。毕竟非法政府在法律保护范围之外，没有权利要求社会其他成员的支持和保护。1974年希腊"军政府"的倒台就证明了被宣布为非法的事实能够成为一个强有力的制裁措施。当时，在发现大量违反《欧洲人权公约》法律义务的侵犯人权行为后，1969年12月它们遭到欧洲理事会的除名，这使得该政权全部的合法性基础遭受严重破坏。这样一来它们国内反对派的任务就变得更加轻松了，合法性的钟摆决定性地摆向它们一方。在过去一些年里，至少部分基于人权领域内的悲惨记录而在国际论坛上正当性的丧失导致了几个相似政权的垮台，如中非皇帝博萨卡、伊朗国王、乌干达阿明将军、尼加拉瓜总统索姆查、赤道几内亚总统马西埃以及阿根廷的军政权。

为确定国际社会的任何成员是否是一个违法者,对其法律义务履行状况的独立评估必须遵循一定程序。这就是为什么所有国际人权条约都包含一些对其进行监督、解释、适用的条款——其中两个甚至有执行方面的规定——这些任务由不同种类的国际机构来完成,其中包括一些有权力作出约束国家判决的真正独立的国际法庭。这些就是我们现在马上要考察的机构。

联合国机制

联合国其中一个机关是 ECOSOC,即经济和社会理事会。它由 54 个联合国成员国组成,由联合国大会选举产生。人权属于其职权范围内事务,但由于它全部由政府代表组成,它所做的人权方面的工作比人们预想的要少得多。它建立了一个人权委员会,以及防止歧视和保护少数人小组委员会(Sub-Commission on Prevention of Discrimination and Protection of Minorities)。理事会成员也是其政府的代表,因而其实际所为也比其应当所为少得多。它对国际人权法的主要贡献是一直作为新公约起草的首个论坛——包括两个人权姊妹公约——然后通过经济和社会理事会提交给联合国大会,最终在联合国大会进行最后的协商和最终通过。

依据经济和社会理事会后来的三个决议——1959 年通过的第 728F 号、1967 年通过的第 1235 号以及 1970 年通过的第 1503 号——人权委员会也有权审议每年提交联合国的数以千计的关于侵犯人权的申诉,受害人希望这一伟大的组织能

联合国经社理事会大厅

为他们做些什么。自建立之后的最初 20 年里，人权委员会认为它们无权对此采取行动。之后，它改变了自己的方针：但是仅在申诉显示"在特定情形下，存在持续性的严重且确存的对人权和基本自由的侵犯"时，它才对此进行审查。如果申诉确实反映了这种问题，理事会可以决定对其进行"全面研究"甚至调查，并提交"报告"或"建议书"——不是给当事国政府，而是给人权委员会的政府间上级机关经济和社会理事会。所有这些研究、调查、报告以及建议书必须严格保密。事实上，尽管数年来大量诸如此类的"特定情形"引起了人权委员会的注意，但至今为止被对外公开的只有赤道几内亚和马拉维。

小组委员会是一个完全不同的机构，其成员以"个人身份"担任专家，而不是他们政府的官方代表。相应的，它所受的限制也比较少——但到最后，它所能做的就是向人权委员会报告其发现，这常常是听到的有关他们的最后音讯了。

然而，这两个机构的确设法更多地通过工作组或特别报告员的形式，密切关注普遍人权问题，诸如奴隶、监狱服刑或被拘禁人员的人权、立即处决或任意处决、"强迫失踪"和土著居民的问题，以及少数几个特定的缺乏强大盟友的国家。通过上述方式，它们的工作毫无疑问具有一定的价值。

经济和社会理事会在人权领域还有另外一项职能：它是《经济、社会和文化权利国际公约》的监督机构。依据公约第16条的规定，成员国必须就"遵守本公约所承认的权利方面所采取的措施和所取得的进展"提交定期报告。经济及社会理事会可将这些报告提交人权委员会予以研究，并将其就此作出的"一般性建议"提交给联合国大会。尽管公约已在1976年1月生效，也有许多"国家报告"提交到它那里，但至今为止经济和社会理事会从未履行过上述职能。但是，依据公约第18条的规定，联合国各专门机构也有资格提出意见，其中一个就是国际劳工组织：在这些事项上它拥有大批专家，它下属的实施公约与建议书专家委员会（Committee of Experts on the Application of Conventions and Recommendations）——一个完全独立的机构——向经济和社会理事会提交过一些非常有帮助性的针对公约规定的解释。

对于《公民权利与政治权利国际公约》而言，情况则不尽相同。在此，监督机构是人权事务委员会（Human Rights Committee）——与人权委员会不同，这是一个依公约要求由"在人权方面具有崇高道义地位和公认专长"且最好是具有司法经验的独立专家组成的机构。该机构也对由缔约国提交的就"它们已经采取而使本公约所承认的各项权利得以实施的措施（包括遇到的困难）"所作的报告进行研究，并可以提出"一般性意见"。但与经济和社会理事会不同，该委员会邀请每个提交报告的国家参与对报告的讨论，国家代表会接受一些熟悉情况的委员会成员的公开审查。在那个场合，几乎没有国家可以轻松过关。另外，委员会也不会"羞于"表达其"一般性意见"。

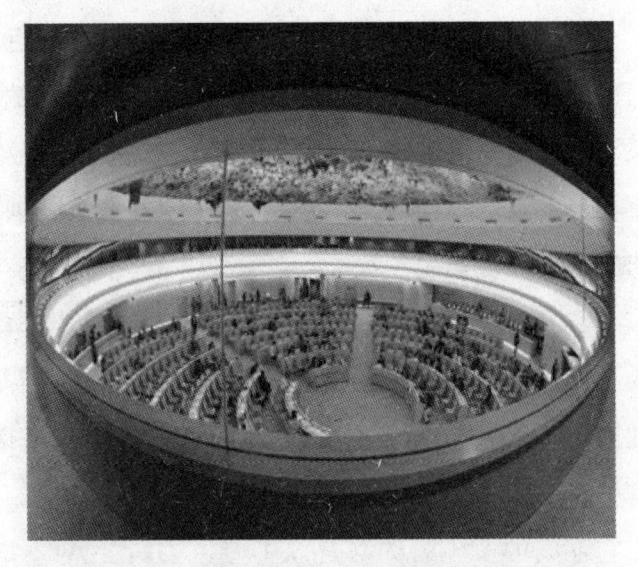

人权事务委员会第112届会议　　（联合国图片/Jean—Marc Ferré）

委员会还具有另外一项更加重要的职能。根据公约的规定，在作出适当声明的情况下，缔约国可就违反公约的情况对彼此进行控诉。但该公约还有一项任择议定书，批准议定书的国家承认委员会有权对个人申诉——出于对所有当事人的尊重，专业的叫法是"来文"——所称的公约所保护的权利和自由遭受侵犯的状况进行调查。适用这一程序只有三个前提条件：申诉必须由受害人提出或代表受害人提出；他必须穷尽被申诉国家的国内全部救济手段；同一申诉事项不得正在接受其他国际组织的处理。已有三十多个国家批准了该任择议定书,因而委员会已经堆积了大量的申诉案件。委员会针对这些申诉的裁决被公开发布,并对有关人权的国际"法学理论"(Jurisprudence)作出了重要贡献——对该国际公约的权威性解释。至少有三个国家已经决定依据委员会的不利裁决改变其法律或实践——加拿大允许一名印第安部落的妇女在与一名非印第安人离婚后返回保护区(Lovelace案);芬兰关于学校内的宗教教育问题(Hartikainen案);毛里求斯赋予外籍丈夫与外籍妻子同样的公民权利(Aummer-uddy-Cziffra案)。

最近还成立其他独立委员会来监督两项专门公约:消除种族歧视和对妇女歧视的公约。

所有这些机构都由位于日内瓦的联合国秘书处下属的人权中心(之前是人权处)提供服务。

欧洲体制

这是最古老,也是至今为止最有效的国际体制。其中并没有太多的监督体系:依据《欧洲人权公约》第 57 条,欧洲理事会秘书长可要求任一缔约国就"其国内法如何保证公约规定有效实施的方式"提交"国家报告",但他只是偶尔会这么做。毕竟对于他之后的行为没有任何规定。

相对而言,申诉(在此被礼貌地称为"请愿")程序确实非常有效。公约建立了一个委员会和一个法院,由不同缔约国的国民组成——共 21 人。他们以个人身份任职,而非政府代表。委员任期 6 年,法院法官至少 9 年。申诉先提交给委员会。申诉可能来自缔约国，也可能来自个人，但就后者，只有受诉国家作出一个普遍性声明，承认委员会受理申诉的资格才行。（大多数国家都已经这么做了。）

作为受理的条件，个人申诉必须由受害者，在穷尽国内救济6个月内，且未被其他机构处理的情况下提出。它也不能是"明显理由不充分的"，委员会对此问题的裁决构成了其管辖权的一个主要渊源。若委员会裁决受理申诉，接着会对其进行调查。当它认定所有能认定的事实后，它会尽力促成"友好协商"。若是失败了，它会起草一个报告，这些构成了其管辖权的另一个渊源。接着，当事国或受害人国籍国或委员会自己，可将案件提交法院，在那里会对案卷进行全面审查并作出最终判决。该判决具有约束力，当事国必须遵守。

自这些机构建立以来已处理了大量案件。只有少数为国家间申诉，如丹麦、挪威、瑞典以及荷兰对军政权统治下的希腊提出的申诉，再如爱尔兰就1971年对北爱尔兰的讯问手段向英国提出的申诉。但绝大部分申诉来自个人，至今数量已超过10 000件。委员会公开发布了许多报告，以及超过1 000份有关案件的受理决定；法院作出了大概五十份完整判决。结果，许多个人就其遭遇得到了救济和补偿，许多成员国不得不修改其国内法，或者改变它们的行政实践，以符合由适格国际机构进行解释和适用的公约的要求。法院的判决对于解释和适用公约的不同条款具有重要作用——既然这些条款与那些普遍性人权公约极为相似，那么对于理解那些公约也具有很重要的意义。

当然这一体制还并不完美。《欧洲人权公约》及其议定书所保护的权利,和《公民权利与政治权利国际公约》相比还比较少,甚至还对其中一些权利加以更多的限制。程序费时较长并且需要付费,尽管其费用低于大多数诉讼程序——一些案件可以得到法律援助。斯特拉斯堡机构明确指出它们不是国内法院的上诉法院:只在国家违反了依公约承担的义务时它们才会介入,因而其管辖权仅仅是监督性质的。早期,它们还展现出了一种可以理解的谨慎:它们是一个新生机构,在某些方面还是一个革命性机构,它们需要建立起有权废除它们的政府对它们的尊敬和信任。所以它们提出一些看起来不够大胆的规则,例如"政府裁量余地"规则以及"固有限制"规则,这都不是公约本身的明示条款。但随着它们的经验和身份的提高,以及它们的司法审判经验的增长,虽然仍有缺陷,但这个机制是目前为止在国际领域最有效的一个。

《欧洲社会宪章》也规定了由独立机构对条文进行解释,它所采取的方式是由独立专家组成的委员会审阅定期的"国家报告"并对其发表评价。这些也对一些当事国的国内法产生了实质性影响。

美洲体制

美洲体制与欧洲体制十分相似,但存在两处不同。依据《美洲人权公约》,建立了一个委员会和一个法院,任命和运作方式都极为相似。但仅在委员会接受来自其他国家的申诉时才需要资格声明,而接受个人的则不需要。委员会的法律体系正不断完善,而法院才刚刚开始审理提交给它的案件。

但委员会也具备独立的管辖权,作为美洲国家组织的"主要机构",管辖不受《美洲人权公约》约束的成员国国内的人权状况。因此,它的准据文本当然不是公约,它是根据其章程适用《美洲人民权利和义务宣言》的,至于这一文件,尽管它并非一项公约,也从未想获得约束力,但却具有间接的法律效力。据此,委员会审查并开展对个人案件,以及不同美洲国家内部的普遍人权状况的临时性调查,并发布相关报告。这些报告也是其法学理论的一个丰富渊源。

非洲体制

《非洲人权和民族权利宪章》只有当大多数非洲统一组织成员国——当前是 26 个——批准后才生效。当满足这一条件时,非洲也会以委员会的形式建立一个国际机构来解释和适用宪章。委员会将由 11 人组成,全部以个人身份任职,任期 6 年,他们"必须是具有崇高声誉的非洲人民,以其高尚道德、正直、公正以及处理人权事务的能力而闻名",同样最好具有司法经验。

在此,国家和个人都可以提交申诉,而不需要任何事先资格声明,也不需要由声称受到侵害的受害者提出。申诉必须在"合理期间"内作出,而非是像欧洲和美洲那样在固定的 6 个月期限内作出;必须穷尽国内救济;案件必须是"未决"的,而不是要求未被其他机构受理的。委员会的调查权十分广泛;尽管它不接受"完全基于大众传媒报道的新闻"的申诉,但它可以"运用任何合理的调查方式,听取任何……适格人员的意见",而非仅仅当事人的意见。尽管宪章理所当然地展示出对非洲传统强烈的偏爱,它当然还是会从不同渊源中"吸取精华"。

国际劳工组织机制

ILO——国际劳工组织（International Labour Organization）——是联合国专门机构中历史最为悠久的一个,始建于1919年。它主要关注的是社会公平,而人权对于该目标的实现是最为重要的——主要是经济和社会权利,但当然还有结社自由权。它通过一个独特的三方机制履行其职能：其主要机构由同样数目的雇主和工人代表组成,另外还包括了政府代表。它在国际法律制定上的记录是绝无仅有的,它推动了超过150部生效公约的制定,收到了来自一百多个国家的约五千份公约批准书。

ILO有几道对所有公约法进行监督的程序。在其中一道监督程序中,每个国家需"就其参与的公约规定的实施方式"提交报告。ILO实施公约与建议书专家委员会对报告进行研究,它可对缔约国提出秘密"要求",或者发布"意见"。ILO还设有"代表"程序和特别程序——与经济和社会理事会一同建立的——该特殊程序针对有关工会权利的申诉。上述两项程序可由雇主或者工人团体启动。另一"申诉"程序可由ILO成员国针对彼此启动。不同的ILO三方委员会或理事会对申诉进行考量,并向组织中管理机构报告其结论。

我们通过以上介绍,已经看到了ILO能够在《经济、社会和文化权利国际公约》监督程序中发挥作用。

联合国教科文组织机制

联合国教科文组织（UNESCO）是另一个联合国的专门机构，它的特别管辖领域涉及人权中的教育、思想及表达自由权，以及文化、艺术、科学权。它对该领域内的一个特别公约负责，即1962年通过的《反对教育歧视公约》，超过70个国家批准了该公约。根据公约一项议定书的规定，建立了一个独立的UNESCO调解委员会，缔约国可借此友好解决彼此之间在该领域内的纠纷，但这一程序从未被用过。

同联合国人权委员会一样，联合国教科文组织最初认为，它无权就个人提交的有关人权侵犯的申诉采取行动，即使属于其特别关注事项。然而，在1978年，它建立了一个新程序，通过公约和建议书委员会，以促成友好解决为目的而调查此类"来文"。任何一个"可被合理推定"为联合国教科文组织管辖范围内的人权侵犯受害者都可启动该程序。这一程序秘密进行，只有当来文证明存在"大规模、系统性或公然侵犯人权和基本自由的问题"时，讨论才可被公开。至今为止，联合国教科文组织并未公布任何与该程序有关的适用情况，或是它所达成的结果。目前看来，该程序前景未卜。①

---

① 该程序是为了审查个人和非政府组织向联合国教科文组织提交的指控成员国侵犯教育、科学和文化方面人权的来文，联合国教科文组织执行局第104届会议通过了第3.3号决定[104EX/Decision 3.3 (1978)]，即《研究审查提交教科文组织的有关实施其职权范围内的人权案件和问题所遵循的程序，以使其行动更为有效：执行局工作会议报告》。根据该决定，教科文组织建立了个人来文程序，通常被称为"104程序"，是由公约和建议书委员会负责审查教科文组织职权范围内关于案件和问题来文的非司法程序。由于问题的政治敏感性，自建立三十多年来，委员会从未作出过确认存在"问题"的决定。由于该程序在运作中逐渐暴露一些缺陷和问题，教科文组织执行局及其公约和建议书委员会于2008年启动了改进该程序的议程。但因发达国家与发展中国家在改进"104程序"的多数问题上存在分歧，因此很难在短时间内达成一致意见。只有双方加强对话、缩小分歧，该程序才能尽早得到改进，从而更好地发挥作用——译者注。

联合国教科文组织在法国巴黎的总部

非政府组织

在所有于国际层面为违反国家在国际法下的义务侵犯人权提供救济的程序中,很少有能被称为确实"有效的"。人权事务委员会由独立的、学识丰富且熟悉情况的专家组成,它监督《公民权利与政治权利国际公约》的执行情况的尝试令人钦佩,它依据任择议定书对个人申诉发布的报告也是如此。但它唯一的权力就是提出公开意见,就算是根据任择议定书的规定,缔约国也没有义务接受委员会的这些意见,更不用说遵循了。而其他一些程序至少存在两大缺陷:经济和社会理事会对《经济、社会和文化权利国际公约》的监督,以及联合国人权委员会的工作都是由政府代表实施的,而他们在考量其他国家的人权问题时,可能会受到本国外交政策目标的束缚;而委员会的一般程序,如联合国教科文组织的那样,是保密的,因而根本不能将侵权国置于国际舆论的压力之下。

截至目前唯一能提供有效救济的程序，就是依据《欧洲人权公约》和《美洲人权公约》建立的两个人权委员会和法院，以及那些依据ILO章程运作的程序：这些是唯一由独立专家而非政府代表组成的实体，依据公约强制缔约国履行由适格机关作出的决议。①

这就是为什么国家最大的压力还是来源于活跃在该领域内的非政府组织。若是没有诸如国际红十字会、大赦国际、国际法学家委员会、世界基督教会联合会，以及成百上千同样的国内和国际组织等自愿团体的不断努力，人权在世界范围内不会像现在这么受尊崇。许多这样的组织不屈不挠地进行抗议、呼吁改善现状、通过新公约、向政府施压以批准签署的公约、监督政府履行情况、在不同程序中协助申诉人以及向不同监督机构的成员作简要汇报等。甚至是由政府组成的国际社会也认识到了它们的价值，经济和社会理事会、联合国专门机构以及其他政府间组织授予它们"咨商地位"。

由于不会遇到政府代表所遭受的那些不利因素的影响，非政府组织能够快速行动，并更加自由地施加压力。它们中的一些组织在此过程中要承受巨大的风险，并且所有非政府组织都长期受到资金短缺的困扰，需要志愿者帮助它们开展工作。它们应当得到支持，它们可能是关心人权的普通人在国内外促进尊重人权所能采取的唯一最有效的方式。

---

① 译者注：这部分内容变动较大，欧洲、美洲和非洲都建立了人权法院。

第三部分
规则说了些什么

11
身体自由

既然已经了解该公约是如何制定以及如何运行的，我们最后来看看它实际上作了何种规定。这9份全球性或地域性的普遍性文件中所有实质性条款的内容都列举在其附录之中，且对于有争议的问题，需仔细对其进行解读：正如所有的法律文件一样，其中包含的每一个词语都很重要。本书末尾的表格列明了截止到1984年1月1日，世界上哪些国家是这些普遍性条约的缔约国。下文是对那些文件中所涉及的不同权利以及它们是如何对该权利进行规定的评议。

我们又遇到了对人权进行"分类"这个问题。我们应如何为接下来的讨论对权利进行分类？应按何种顺序对其进行排列？一旦我们产生一些权利比另一些更重要的印象，即使是仅仅就我们自身而言，就有可能出现为了实现一人所谓的利益而牺牲他人人权的情况。这将是十分危险的。但是，这里我们又必须采用某一种顺序，因而我们以祖先亚当为象征，采取一种从单纯的生存需求开始，再到更加复杂需求的顺序。

亚当的首要需求，在国际法中可被称为"身体"权利和自由——对该权利和自由的侵犯直接影响其身体。主要包括生命、自由和安全权；免受酷刑和其他虐待的权利；以及迁徙的自由，包括寻找远离危险居所的权利。

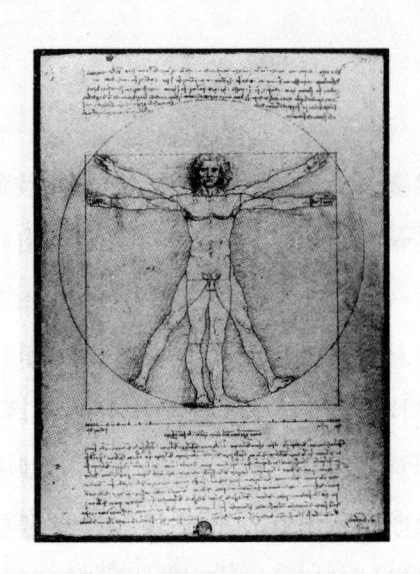

达·芬奇的著名素描画作《维特鲁威人》是对自
然和谐的人之形象的完美诠释

生命权

或许可以原谅有些人期望生命权在国际公约中居于首要位置；在某种程度上，它该被排在其他权利的前面。毕竟，只有生存着的个体才能享有其他权利：死者对于权利、人类或其他事项而言没有任何意义。但实际上根本不是这回事儿。生命权与其他人权是一样的。如同其他人权，它也具有自身独有特征。例如，国家的绝对、直接责任，以及即使是在战争或公共紧急状态情况下也不得对其减损，但它并不具有任何优先性。且在条约的形成过程中，甚至承认了许多例外情况。

乍一看，这似乎很奇怪。但人们应意识到这在生物学上的现实性。毕竟，无人可以永生：我们最后都会死去。当这最终发生时，我们能说我们的生命权受到侵犯了吗？谁侵犯了我们的生命权？我们应向谁主张救济，救济的形式是什么？另外，生活中充满危险。我们可能会得绝症、溺死浪中、跌落山崖或被公共汽车撞倒。至少在最后一种情况中，我们的受抚养人可以起诉司机或他们的雇主要求赔偿，但是能控诉他们侵犯了我们的生命人权——主要对抗国家及其公共机构的权利吗？

但既然那样，为什么还要有"人"的生命权？为回答这一问题，让我们引用一条法律规则，在以后章节中我们还会再次提到。该规则称，为理解一部法律的目的，应研究该法律所针对的"不法行为"，并自问："这项法律究竟要规制什么？社会究竟出了什么问题才需要法律的介入？"一旦得到上述问题的答案，就可以更好地解释和适用法律，并实现法律目的。

现今侵犯生命人权的不法行为就是指政府实施的——无论原因为何——谋害其所厌恶之人或者其认为不法之人的行为。毕竟，如果你的行为具有官方授权，那么，杀掉那些挡你路的人是摆脱他们最简单、最划算的方式——无论是在希特勒的毒气室里，还是现今仍在使用的、同样残忍却被礼貌地称为"非法处决"的方式。因而首先来谈生命权，以作为防止政府滥杀无辜的保障。

同时，绝对的生命权对于人权法而言没有意义。全世界每年有成千上万的人死去，大多数是自然死亡。显然，我们不能将世界上每一个国家，甚至是最人道的，都当作是永久性的人权侵犯者来对待，仅仅是因为国家无法阻止其公民死亡：国家仅在自己的代理人直接造成死亡，或者实施了可归罪的行为或者对其应承担的国家责任不作为时才承担责任。所以，举例而言，未能制定规制谋杀的法律，或者故意不实施该法律，或者赦免其代理人，或者肆意适用该法律的国家可能因侵犯了其公民的生命权而被认为有罪。美洲人权委员会曾在某些个人"失踪"的案件中表达过这一观点，但有关政府拒绝提供关于这些人的任何信息或者关于他们行踪调查的进展情况。人权事务委员会曾经指出，国家须尽其所能降低婴儿死亡率。但却仅此而已。

无可否认，这会产生一些显然不恰当的后果。例如，若是一个政府安全部队的成员杀死了一个疑似恐怖分子，表面上看侵犯了其生命权：和所有人一样，在由适格且公正的法庭定罪之前，他有权不受处罚。但若是恐怖分子杀死大量安全部队人员（或者其他人），只要该政府采取了可以将恐怖活动的影响降到最低并保护其代理人（或其他人）不受恐怖分子侵害的合理措施，那国家便无须对侵犯生命权的行为负责。但这种特殊情况是人权的特性与其他权利博弈的必然结果。毕竟这首先是为了保护公民不受公权力机关而非其他公民的作为或不作为的侵害而设计的。后者是普通法律而非人权法的功能，只有通过"第三人效力"（参照第九章）政府才应对二者负责。

所有这些都体现在文件的行文当中。确实，《世界人权宣言》（第3条）明确宣布"人人有权享有生命"，但却没有下文。然而一些公约的规定却更加完善。它们要求该权利"应受法律保护"，任何人的生命不受"肆意"（在《欧洲人权公约》中使用"蓄意"一词）剥夺——但在特定情形中有所保留。所有的公约都将死刑作为例外情形，另外，《欧洲人权公约》（第2条第2款）规定"使用武力不得超过绝对必要的限度"，且是出于正当防卫、合法逮捕、防止罪犯逃跑或"平息暴乱及叛乱"的目的。值得注意的是，规定上述例外是因为人权是不可剥夺的：不得因此简单认为杀人犯因剥夺他人生命而应抵命。人权不应被剥夺：若是想要保留死刑，则必须为其创制人类生命权中新的特殊例外情形。

自1948年《世界人权宣言》以及1950年《欧洲人权公约》通过以来，死刑渐渐被废止。《公民权利与政治权利国际公约》（第6条）以及《美洲人权公约》（第4条）都对其进行了一定的限制，例如：只适用于"最严重的犯罪"，且需依据犯罪实施时生效的法律，通过"适格法庭"的"最终审判"才能适用。不得对18岁以下青少年适用（或者依据《美洲人权公约》，不得对70岁以上老人适用），也不得对孕妇适用。必须赋予其申请（但没有任何权利必须获得）赦免或减刑的权利。上述公约鼓励废止但事实上未要求废止死刑。

同时，欧洲也采取了行动，欧洲理事会的大部分成员国都废除了死刑。《欧洲人权公约》第6号议定书要求完全废除死刑（战争时期除外），该议定书于1983年4月通过，在5位成员国批准该条约后生效。联合国大会也在考虑制定类似的议定书。①

---

① 《禁止酷刑和其他残忍、不人道或有辱人格的待遇或处罚公约》是在联合国之下的国际人权公约，于1984年12月10日由联合国大会第39/46号决议通过并开放供各国签署、批准和加入，于1987年6月26日正式生效。截至2015年10月，已经有158个国家为此公约的缔约国，另外有10个国家已经签署但尚未批准。我国于1986年12月12日批准，对第20条和第31条第1款作了保留。该公约自1988年11月3日起对中国生效。

令人吃惊的是，很少对生命权有争议的案件被诉至国际法庭，或许相对而言没那么令人吃惊的是，许多这类案件都是有关流产的。在此，只有《美洲人权公约》在条款（第4条第1款）中称"一般而言，应自怀孕之时起"，对生命受到尊重的权利进行保护。（墨西哥依据其独特的反教权传统，认为应对该规定进行保留）。但在其他条约中并无这种指导性用语，欧洲人权委员会最终也未在该事项上下定决心。

自由与安全：逮捕与拘留

尽管国际条约或许不该对人类生活的状态或条件作出太多规定，但对人类存活期间的生活质量问题却有很大的发言权。确实，在某种程度上，这就是条约的全部内容。条约无法阻止人们死亡，但它至少试图确保人们在生前，不会因可避免的镇压、起诉、剥削和剥夺而遭受不必要的痛苦。

对于监狱生活而言，几乎不存在生活质量一说，另外处理给政府制造麻烦的人的一种经典方法就是把他们关起来。"自由与安全"——直接含义为免受人身限制的自由——因此一直处于人权斗争的最前沿。《世界人权宣言》（第3条）、《公民权利与政治权利国际公约》（第9条第1款）、《欧洲人权公约》和《美洲人权公约》（分别是第5条第1款和第7条第1款）以及《非洲人权和民族权利宪章》（第6条）都规定"每个人都享有个人自由及安全权"。

总的来说，《世界人权宣言》仅点到为止。而其他公约，若想要成为法律文件，则有必要对细节进行规制。且由于该权利并非绝对，因而这种细节是十分重要的：若这是绝对权，那么所有的普通罪犯都将不受逮捕。因而这些公约接下来要制定明确的法律，规定在逮捕和拘留上哪些是合法的以及哪些是非法的，使得普通刑法在必要的安全保证下能够运行。这既是出于保护公众免受犯罪侵害的考虑，也是为了使得被关押的犯罪嫌疑人不受专制政权的迫害。

该法律应包含五个主要部分。除具有合法理由、依程序进行并"有法律规定"外，任何人不受逮捕和拘留；任何人被捕后，必须告知其理由；被逮捕人必须被"迅速"带见司法官员，并在合理时间内被释放或接受审判；且他有权通过司法程序向法庭要求审查对其逮捕行为的合法性。

只有《欧洲人权公约》在第5条第1款详尽列出了剥夺自由的法定理由：（1）适格法庭定罪后而实施的监禁；（2）不服从法庭命令而实施的监禁；（3）有理由怀疑该人实施了违法行为，或者为阻止其实施非法行为或实施后逃跑而实施的逮捕；（4）对青少年的教导性监管；（5）阻止传染性疾病扩散；（6）对精神病人、酗酒者、吸毒者或流浪汉的拘留；（7）对非法移民或被遣送人及被引渡人的拘留。

该条款使得大量案件被诉至斯特拉斯堡的机构，上述每一条"理由"都被考量并解释了许多次。

正如生命权一样，对于自由和安全的尊重也是公约缔约国的一项绝对且直接的义务。但不像生命权，国家在"紧急状况所必需"即战争时期或公共紧急状态时，有权对其进行减损。该情况下，可不经起诉或审判就实施逮捕——但这必须为当时情形所必需。

酷刑及虐待

毫无疑问，酷刑——蓄意且滥用处罚造成的严重痛苦或折磨——是人类对同类作出的最臭名昭著的行为之一。当其依据以确保人们福利和安全为主要功能的政府官方政策和明确命令而实施的话，就会变得更加地邪恶。不幸的是，这种行为仍发生在世界上许多地方，另外，有时人们还试图赋予其正当性（尽管现今政府几乎不会这么做）。这种辩护通常这么说："假设你知道某些恐怖分子在某处安置了一枚炸弹。你并不清楚确切位置，但你知道6个小时之后炸弹就要爆炸，这将导致许多无辜者的伤亡。假设这时你抓到了其中一名恐怖分子。你自然有权用尽所有手段让他说出炸弹的位置，这样你就可以挽救所有的无辜受害者，即使这意味着会让有罪的人遭受一些暂时的痛苦？"

且不论酷刑会造成永久性心理创伤的事实，不论身体上的痛苦如何短暂，上述论断至少忽略了以下4点：

（1）你可能会认为你所抓获的是一名知道炸弹位置的"有罪"恐怖分子，但你也有可能是错的，若真是如此，你会使得无辜的人遭受酷刑。

（2）因酷刑而得来的供词并不可信；通常情况下，受害人为了让你停下手来，会说任何事。

（3）假设你是在试图保护你们社会中的高价值免受正在攻击它的人的侵犯。但若是在一个社会中，政府故意对其人民施以酷刑，你认为这样一个社会能创造出什么样的价值呢？

（4）一旦你接受——就像你现在做的那样——一个良好

的结局会为甚至最邪恶的过程开脱责任，那你打算在何处收手？你把自己人锁在集中营中，把另一些人赶上刑场的这段时期要持续多久？你认为这会给其他人带来多少好处？

不论其他人如何看待这种行为的道德性，其合法性问题在今天看来毫无疑问。事实上，即使处于战争或公共危机之时也没有任何条件、限制或限度以及减损的可能，所有的国际人权公约都一致宣布"不得使任何人遭受酷刑或残酷、不人道或有辱人格的待遇或惩罚"。值得注意的是，该处并未提到任何权利或自由：这仅仅是一项完全且绝对的禁止性规定，我们在第七章看到，在 Filartiga 诉 Pena-Irala 案中，美国联邦法庭认为，该禁止性规定已成为国际习惯法的一部分，因此，约束所有国家而非仅仅公约的缔约国。正如法庭所说的："施暴者已成为了——正如之前的海盗和奴隶贩卖者一样——人类之敌，即全人类的敌人。"

还应看到，这些文件不仅绝对禁止酷刑，还禁止所有的"残酷、不人道或有辱人格的待遇或处罚"——不下于 6 项其他种类的虐待。该领域中大部分提交斯特拉斯堡的案件都是关于这些用语含义的，而且现在他们已对这些用语作出了极具扩张性的解释。例如在著名的爱尔兰诉英国案中，诉讼是关于 1971 年北爱尔兰对疑似恐怖分子实施的（基本上是心理学方面的）"深度询问"方式的。委员会认为这就相当于酷刑；法庭认定他们行为的残忍程度，他们所施加的痛苦的强烈程度并未达到那种程度，但他们的确相当于不人道及侮辱性的待遇。

为使得这些禁止性规定更加有效，联合国通过了新的消除酷刑公约,这将使得酷刑作为"国际法下的犯罪"在任何地方都具有可诉性,而不仅限于犯罪地国、实施或遭受酷刑人的所在国。这将使得施暴者更加难以找到庇护所,并因此成为另一种抑制施暴者的因素。

迁徙自由

对于受压迫的个人而言,最终的逃离方式是离开这个国家,在其他地方安顿下来。因此,高压政府常常试图阻止存有不满情绪的公民移民,即使是把整个国家都变成一个巨大的监狱也在所不惜。因而,离开某一国家的权利是反对压迫的重要保证:只要还有这项权利,大量难民外逃的危险会限制一国政府施加压迫的程度。

因此,《世界人权宣言》规定(第13条第2款),"人人有权离开任何国家,包括其本国在内……"其他条约都重复了这一规定——《欧洲人权公约》在其第4号议定书中(第2条第2款)进行了规定。但现在遇到一个难题:怎么处理逃犯呢?不会有人允许任何罪犯——不论是逮捕或定罪之前还是之后——主张离开某一国家的权利,并借此逃避其因犯罪而应承担的后果。类似的问题同样可能出现在间谍以及其他情形案件中。因而,在这里,我们遇到了第一个典型的"限制和限度条款"的例子。在宣告普遍性权利之后,所有的公约接下来作了这样的规定(下文引自《欧洲人权公约》第4号议定书,第2条第3款):

对于这些权利的行使,不得被施加任何限制,但根据法律施加的限制以及在一个民主社会中出于保护国家安全和公共安全、维护公共秩序、预防犯罪、保护健康或道德、保护他人的权利和自由的需要而施加的限制除外。

初看之下,该条款似乎剥夺了大多数原始性权利。但正如我们在第八章所看到的,事实上并非如此——为了使得上述限制具有正当性,有关政府必须证明该情况严格地符合该条款的规定——必须存在相关的明确法律规定,且该法律在民主社会中是为保护条款列明的特定一种或多种特定公共权益所必需。如果不能完全符合上述要求,则限制无效,且政府将涉嫌违反其所承担的国际法律义务。

所有这些文件也规定了迁徙自由、在一国内选择居住地的自由,以及进入一国的自由。但最后一项自由仅限于一国公民:这些条约均未规定政府有义务接纳外国人进入其领土。这看起来似乎很残酷,尤其是对难民而言,但这一普遍性法律规定仅存在少数几项地域性例外,例如建立欧洲经济共同体的条约允许该共同体的公民自由来往于其所有的成员国。

然而,人权法存在的空白通常为律师,特别是人权法律师展现其所具有的创造性提供了平台。1968年,大不列颠及北爱尔兰联合王国政府颁布了新的移民规定,即使是联合王国自己的公民,若是与联合王国没有"密切联系",则其进入联合王国领土也受到限制。大量亚洲籍以及在东非定居的联合王国公民向斯特拉斯堡的欧洲人权委员会提起诉讼。事实上,联合王国并未批准保护公民进入自己国家的权利的第4号议定书。另外,在Patel等人诉英国案中,委员会通过下列新奇的途径支持了他们的诉求,其称:移民政策具有人种上的歧视性,其他种族的人保留进入自己国家的权利而自己的权利却被否认,可能构成约束联合王国的公约第3条意义上的"有辱人格的待遇"。

对于迁徙自由,国家的义务也是绝对且直接的,国家在战争时期或者出现公共紧急状况的时候,可对该权利予以克减,但同样,"克减的程度以紧急情势所严格需要者为限"。

庇护

受压迫的难民(而非普通逃犯)对于他人的帮助有特殊的需求,今日的世界环境下这类人仍大量存在。现已有关于难民地位的联合国公约试图改善他们悲惨的命运,以及对其进行救济的特殊联合国机构——联合国难民事务高级专员公署(UN High Commissioner for Refugees)。联合国难民署总部设在日内瓦,主要致力于难民救助事业。然而,除美国之外,难民都不享有被正式批准进入一国的权利。尽管《世界人权宣言》(第14条第1款)称,"人人有权在其他国家寻求和享受庇护以避免迫害",《美洲人权公约》(第22条第7款)是唯一一部明确规定受庇护权以及寻求庇护权的条约。

寻求无法获得的权利是没有意义的。但欧洲人权委员会再次体现出了它的创造力。1972年8月,摩洛哥空军中校在试图刺杀摩洛哥国王失败后飞往直布罗陀寻求庇护。他的请求遭到了拒绝,第二天他被一家摩洛哥空军飞机遣送回国。他到达后经过草草审讯之后便被枪决了。他的遗孀向斯特拉斯堡提起诉讼(Amekrane v. United Kingdom),欧洲人权委员会再一次援引了公约第 3 条：它以被送往一个可能遭受不人道或侮辱性待遇惩罚的国家本身就违反了公约为由，宣布予以立案。（这在学术上被称为不推回原则，仅被《美洲人权公约》第 22 条第 8 款以及难民公约明确禁止。）裁定作出后，经"友好协商"英国政府付给该遗孀及其子女 37 500 英镑。

12
食物、住所、健康和家庭

假设亚当还活着,自由、无恙,且差不多待在他想要待的地方。那么,他接下来想要的可能就是食物和住所,并保持健康。他可能还希望能够结婚,组成一个家庭,并保护家庭中的弱者。对于以上事项,国际人权条约作出了规定。

生活标准

《世界人权宣言》第 25 条第 1 款说,"人人有权享受为维持他本人和家属的健康和福利所需的生活水准,包括食物、衣着、住房、医疗和必要的社会服务"。确实,若是每人都拥有上述这些,那么,这个世界将会更加美好——没人会怀疑人不应遭受饥饿、寒冷、流离失所和疾病。但这是否能被称为是"人"权?当这发生在人身上时,并不总是政府的错,他们的政府也并不总是处于应付这一切的状态。许多国家仍极度贫穷:不论是在自然资源、生存技能、可利用资金方面,还是在将这一切整合在一起的必要的组织和管理能力方面。鉴于它们土地的产量以及农牧业技术的水平,许多这类国家供养不了本国人口。简单地宣布这样一种普遍性权利是解决不了所有问题的。

那么,该条约所规制的问题是什么?很不幸的是,除去由于自然原因导致的地方性贫穷外,还有很多需要避免之处。在许多国家中,财富(特别是土地),同政治力量一样,掌握在少数特权阶层手中,就算不是平等主义者,对于极度剥削而带来的巨大贫富差距也会感到愤怒。但除去道德上的愤怒外,这种经济体制也是低能的:愚昧、无知、贫穷、营养失调、农民患病以及城区贫民窟居民自身是生产的主要障碍,也是提高每个人生活条件的主要障碍。还有许多政府应解决的其他障碍:腐败、各种援助资源的分配不均、为统治者建造宏伟的纪念碑而不是构建更具有长远意义的健康、教育、灌溉或其他项目;通过雄心勃勃的工业化计划来模仿"发达"国家,却只导致了乡村人口锐减以及大量城市贫民窟出现……

这种悲伤的陈词滥调可以轻易地一直说下去,但显然不应是在这里。经济和政治力量的过于集中或者其他人道经济发展的阻碍并不只属于"资本主义"经济,"社会主义"经济中同样彻底地暴露出了这一现象。很简单的一点就是,若是政府能够提高其国民的生活标准,那么,它们就应这样做且应不带任何国际条约明确禁止的歧视,在这一意义上,获得适当生活标准的法律权利就被确立了。

因此,当我们翻阅相关条约,就会发现《经济、社会和文化权利国际公约》规定的国家义务(第2条第1款)是相关的和渐进的:"……尽其资源能力所及,以所有适当方式,逐渐使本盟约所确认之各种权利充分实现……"第11条第1款对适当生活标准权规定如下:

>本盟约缔约国承认人人有权享受其本人及家属

所需之适当生活程度,包括适当之衣物及不断改善之生活环境。缔约国将采取适当步骤确保此项权利之实现,同时确认在此方面基于自由同意之国际合作极为重要。

公约未规定在战争时期或公共紧急状况时的克减问题。但所有该种权利最重要的方面就是超越了贯穿这些公约的不歧视条款:在经济发展领域,不管一国政府做什么或者如何作为,都必须是为了全体人民的利益,而不是以牺牲其他人的人权为代价,为少数人谋福利。我们将在第十八章"发展权"中进一步讨论这一话题。

《欧洲社会宪章》(第4条)同样规定了"适当的生活标准",这项规定将在受雇劳动者的合理待遇中讲述:参见第十三章。

健康

《世界人权宣言》第25条第1款对"健康"和"医疗保障"的规定,使得《经济、社会和文化权利国际公约》(第12条)、《欧洲社会宪章》(第11条)以及《非洲人权和民族权利宪章》(第16条)也作出了相应规定。上述文件都承认人人都有权享有"最高程度"或"最好的"可达到的健康以及身心标准,特别提到的还有婴儿死亡率(一些人可能将这作为生命权问题),环境和工业卫生,传染性疾病、地方性疾病以及职业病,医疗服务的发展,以及在健康问题上对个人责任的鼓励。斯特拉斯堡委员会专家们讨论过《欧洲社会宪章》的相关条款,其规定了缔约国充分履行义务时在健康领域所需保证的最低标准。

同样，当然，真正的刺痛在不歧视条款的规定中：一国所能提供的健康保障不得仅向操控政治或经济力量的人提供，也不得仅为国家统治者设置。

1945年，在美国旧金山召开的联合国会议一致同意建立一个全新的、自治的国际性卫生组织，即世界卫生组织。

婚姻和家庭

《世界人权宣言》第16条第1款规定，"成年男女，不受种族、国籍或宗教的任何限制有权婚嫁和成立家庭。他们在婚姻方面，在结婚期间和在解除婚约时，应有平等的权利。"第2款规定："只有经男女双方的自由和完全的同意，才能缔婚。"

该权利的行文是一个很好的例子。它一方面跨越了民事权利和政治性权利间所谓的差异，另一方面连接经济权利、社会权利以及文化权利，这体现在所有相关条约之中：联合国人权两公约、《欧洲人权公约》和《欧洲社会宪章》《美洲人权公约》和《非洲人权公约》。婚姻和家庭对于人类存续而言是如此基本，我们不能出于方便的考虑而把它简单地归到某一分类下。它们涉及民事地位、经济关系、社会架构以及文化传统和价值。

世界上许多国家仍远远没有承认国际公约规定的这些权利。除去如禁止跨种族通婚等不公正规定外，在许多国家中，妇女并未享有与婚姻各方面相关的平等权利。确实，在许多地方她们被视为财产——开始是属于他们父母的，后来是属于她们丈夫的——她们"自由并完全同意"缔结婚姻完全是虚构的。对此，特别是对于已经批准一项或多项公约的国家而言，仍需做很多工作，且不得依据下列理由而拒绝实施，如主权国家有权保留它们希望保留的国内习俗。

母亲和子女

《世界人权宣言》第25条第2款规定："母亲和儿童有权享受特别照顾和协助。一切儿童，无论婚生或非婚生，都应享受同样的社会保护。"同样，毫无疑问的，没人想对这种情感进行争执，但几乎没有任何规定在不考虑特殊性的情况下赋予其法律效力。上述公约通过理想的方式规定了这种特殊性。《公民权利与政治权利国际公约》第24条、《经济、社会和文化权利国际公约》第10条、《美洲人权公约》第17条第5款及第19条、《非洲人权和民族权利宪章》第18条第3款，以及《欧洲社会宪章》的至少三项条款——第7、8、17条，在不同程度上规定了缔约国应为母亲和子女提供的保护。这从出生登记开始，包括妇女的工作条件和带薪产假，以及保证童工不受剥削的条款，和儿童教育不因其所做的工作而在家庭内外受到偏见。

在《欧洲社会宪章》的规定中，斯特拉斯堡专家委员会在解释和适用这些条款时遇到许多麻烦，在审查缔约国"国家报告"的过程中，对种种实践提出了反对，如从在自己父母农场工作的儿童到对学校作业的成见，或者从开除怀孕的家庭女佣到对她们获得带薪产假权利的偏见。作为一项规则，尽管仅仅过了几年，上述反对意见最终导致了相关实践的废止。

13
工作、收入和财产

一些预言家称每个人所可能需要的——或者想要得到的——都会由自动生产线大量产出，除偶尔按动按钮外不需任何人工的时代可能会到来。但同时，亚当仍需通过体力劳动来赚取面包。即使是在技术最先进的国家，大多数人仍需做大量的工作，在世界上大部分人口生活着的却并不十分发达的国家中，若是他们不在一年的大多数时间中努力工作，那么他们将会饿死。工作仍是人类生活必不可少的一部分——同时工作也引起了很多争论，因为这仍旧是人类被同类剥削的最反复出现的场合之一。

这是恶作剧。显然，人类需要工作以生存下去。事实上，若组织得当，如果有劳动分工，如果资本设施被充分利用，那么工作将变得更加有效。但这些会因单纯追求利益而被滥用，这导致了在生产领域中我们所见到的在世界许多地方所发生的对人类的恶劣剥削。

工作权

《世界人权宣言》第23条第1款通过下列经典的表述说明了这一问题："人人有权工作"。基于他们特殊的地位，每人对这一表述的解释各不相同。对于社会主义者而言，这是对马克思主义原理的重申：它告诉资本家，他没有权利通过保持一定的失业率，并在工人不同意他开出的条件时，用解雇来威胁工人，来剥削劳苦大众。对于自由主义者而言，这是对个人主义的重申：在人们愿意的情况下，不论该国家如何厌恶该人，也不论他做什么、说什么或者信仰什么，国家都不得阻止任何人工作。上述二者都是在工业背景之下对工作权进行的思索：对于勉强糊口的农民而言，该规定极其没有意义。对他而言，工作是必需品，而非一项权利。若是他不去照管他的作物，那么就没有东西果腹。

平心而论，必须注意到这一条款还规定了"自由选择雇主"的权利，尽管其用语并未清楚表明这是一项单独的权利还是仅解释了工作权或者包含在工作权中。《经济、社会和文化权利国际公约》第 6 条第 1 款采用了最后一种方案，它称："工作权包括人人应有机会凭其自由选择和接受的工作来谋生的权利"；同《世界人权宣言》一样，《非洲人权和民族权利宪章》第 15 条规定"每一个人都须拥有工作的权利"，但却在此戛然而止，并未提到自由选择问题。（确实，在第 29 条第 6 款其规定"个人应……有义务……尽最大能力来工作"。）

这一切很难令人满意。想要具有法定约束力的条款不应以这种难以理解的模棱两可的方式行文，这将它们置于这么多相互冲突的解释当中。这一问题的历史原因被很好地记载了下来：当沉浸在 1945 年盟军胜利后的喜悦当中之时，新生的联合国诚挚地幻想着，通过它们不同的经济路线，最终能成功地终止全世界失业的魔咒以及其他问题。由此造成了

《世界人权宣言》轻率的乐观主义。在起草公约的时候，"冷战"全面展开，因而最终的构想体现了很多外交妥协的结果。同时，非共产主义的欧洲和现在的非洲各自走上了各自不同的道路。这不是人权国际公约的伟大构建中的唯一瑕疵，但却是最突出的。

这令人很遗憾，但我们必须遵守该条款，并尽我们最大努力对其进行解释。事实上，在该领域只有两个适格的国际机构，都已开始作出了一些有趣的解释。依据《经济、社会和文化权利国际公约》关于监督程序的规定，向联合国经济和社会理事会提建议的ILO专家委员会（参见第十章）已经表达了的一些观点，且不论他们的外交考虑为何，在马克思列宁主义者的圈子里未必会赢得许多支持。在"可能与考量缔约国遵守该条款规定的程度有关的事项"中，委员会所述如下：

> "导致寄生形式的生活"的刑事违法行为的存在，且无任何对于该种违法行为明示的限制。
>
> 集体农庄规则的存在，一个成员只有在管理委员会同意的情况下才可以终止其成员资格。
>
> 基于既未对国家安全构成威胁，也并非未满足雇佣要求的政治活动的原因，导致的雇佣歧视。

同时，在斯特拉斯堡，欧洲专家委员会将可能激怒放任自由主义狂热者的事项表述如下：

> 无论何时一国若支持一种会带来长久失业的经济制度而放弃了充分就业这一目标，那么它就违反

了其依据宪章第 1 条所承担的义务。

该条款要求制定有计划的就业政策以及用来帮助在就业方面处于劣势地位的人的特别措施。

这两个机构之间因不同目标而相互攻击的行为已经变得互为对应。这些官方机构是由非官方因而独立的人员所组成的，这对于一个致力于发现其价值的人来说，是一个最佳例证。可能存在大量杰出的学术文献就"工作权"这一模糊用语作出站得住脚的解释进行讨论。但同时，这些机构的成员也以"个人名义"安静且务实地继续着他们的工作。

奴役、劳役以及强迫劳动

与"自由选择雇佣关系"或"自由选择或接受工作"相反的是奴役。这一用语仍然容易使人想起一群被锁住的黑人，在美国或西印度的种植园中，在奴隶主的鞭打之下工作——我们相信这是过去耻辱性历史的一部分，且这早已被废止，只有社会历史学的学生对此感兴趣。唉，事实并非如此：和人类对待同类毫无根据的残酷行为一样，奴役和其相应的实践以千变万化的形态存活到了今天。1926 年通过的被视为世界上第一份真正的人权公约（参见第四章）——禁奴公约的条款，如同两个时代之前一般，在今天仍具有重要性和关联性。

该公约将奴役定义为"对一个人行使附属于所有权的任何或一切权力的地位或状况"。但这仅是工作中对他人剥削最极端的状况。此外，还存在劳役，这包括诸如债奴、农奴、买卖婚姻、寡妇继承以及买卖童工等传统实践。这一切在世界上许多地方仍存在着，部分是由当地习俗确立的，但通常都是由于缺乏政府有效保护的受害者的经济需要而造成的。

除此之外，剩下的一类被称为"强迫劳工"，被国际劳工组织定义为"以任何惩罚相威胁，强迫任何人从事的非本人自愿的一切劳动或服务。"这处于合法边缘。若是将所有的工作都视为令人不愉快的，在可能的情况下不会有人愿意做的话，那么所有的工作都是"非自愿的"，仅会在出现惩罚威胁——如饥饿、破产或缺乏维持最低幸福感的金钱——的情况下才有人会干。但这显然不能剥去"强迫劳工"这一概念所具有的任何含义，因为它仍以各种形式大量存在于许多地方，ILO继续从事着极具价值的工作来更准确地界定它的边界。

所有以上实践中，奴役和劳役制不仅受到禁奴公约还受到其他相关人权文件的约束——《世界人权宣言》（第4条）、《公民权利与政治权利公约》（第8条）、《欧洲人权公约》（第4条）、《美洲人权公约》（第6条）和《非洲人权和民族权利宪章》（第5条）——和对酷刑的限制一样，对其的禁止也是绝对且无条件的：不存在对该禁止的任何约束和限制，即使是在战争或公共紧急状态时期也不得进行任何克减。

但对于更多的未达到奴役或劳役程度的极端化的强迫劳工情形而言，其处境就大为不同了。除了两个ILO的公约（第29号和第105号）之外，普遍性人权公约同样禁止该行为，但这必须遵循一些经由慎重考虑的例外：

　　由适格法庭判决，作为服刑一部分而工作；

服兵役，或出于宗教或道德原因不愿服兵役者服役；

在国家处于危机或灾难情形中所进行的服务；

"作为正常的公民义务的一部分"所进行的服务。

斯特拉斯堡机构有几次机会来考量上述定义的边界。例如在 Iverson 诉挪威案中，委员会驳回了一位曾被送到一个遥远且远离其祖国的地方工作了两年的牙医的诉讼请求；委员会也没有理会一些不愿参与法律援助计划的德国律师和公证人。

同时还有一个联合国《禁止贩卖人口及取缔意图营利使人卖淫的公约》，其旨在禁止为满足他人情欲而对男性及女性的剥削。

工作报酬和条件

《世界人权宣言》第 23 条称，"人人有权……享受公正和合适的工作条件……人人有同工同酬的权利，不受任何歧视；每一个工作的人，有权享受公正和合适的报酬，保证使他本人和家属有一个符合人的生活条件……"《经济、社会和文化权利国际公约》在上文基础上进行了一点扩展，《欧洲社会宪章》在同样的精神下建立了自己的框架，但（和通常一样）作出了更为详尽的规定。

乍一看，这似乎是另一种无法用确切的定义阐释得完美无缺的情感，因而不具有法律约束力的性质。但这一表象是虚假的。在这些铿锵有力的词语背后包含着差不多四分之三个世纪的艰苦和周密的努力,经由历史最悠久的政府间组织——ILO成功且不断的努力而取得。其起源可以追溯到工业革命最艰苦的时期,当时妇女们在煤矿里拖曳马车,在火柴厂里被毒害,而换取一些微薄的工钱。人们广泛认识到改革的必要性,但问题是获得安全的代价太高。许多开明的商人愿意蒙受这样的损失,而且他们的顾客也逼迫他们这么做,但他们又担心这么做的唯一结果是把整个市场拱手让给不必如此作为的外国竞争者,而使得自己丢了生意而破产并陷入贫困。因而,解决措施就是制定规范最低工作标准的国际协定,这个任务最终由ILO承担了。

多年以来,ILO已在劳动法中制定了大量的国际标准,包括获得许多国家的批准的一百五十多个公约①,对工作报酬和工作条件以及诸如职业安全和职业健康问题作出了规定。当其他人权公约号召"公正且合理的工作条件"时,它们只不过是提出这些已经制定好了的专门国际标准,要求还没有这么做的缔约国接受这些标准。

休息和休闲

"人人都享有休息和休闲的权利,其中包括对工作时间的合理限制和定期带薪休假的权利。"除了《世界人权宣言》第24条的规定外,《经济、社会和文化权利国际公约》以及《欧洲社会宪章》仅仅对此作出了细微的扩展。

最要命的是,该条款会激怒一些政治家,甚至一些哲学

---

① 现在已有189个。参见国际劳工组织网站。

家，他们借此来嘲笑和谴责将"经济和社会权利"包含在人权体系内的整个政策。的确，这样的批评只有在繁荣的工业化国家才会出现，那里的人们现在的结局不再是因过早地在工作中被榨干精力而后被抛弃。但其背后的理论问题是，人们很难从洛克和卢梭时代的传统"自然权利"推导出带薪休假的权利，他们的理论只要求在不费多少力气的情况下，要求其他人不参与诸如屠杀同类或陷人于监牢的行为。在工人每周只工作 40 或 50 个小时的情况下，却要付给他们一周的报酬，这对于一些雇主而言似乎是一种牺牲，他们认为社会无权强求他们这么做，因而不能成为"人"权的一部分。

确实，该权利的实现需要付出一定的代价，这就是为什么相关的国家义务是相对且渐进的，而非绝对且立即的——当然总要遵循最重要的不歧视原则。但除非存在有关工作时间和节假日的国际标准，要不然的话，各国会继续保持一种强烈的相互竞争的动机，看看它们谁能从工人身上榨取最多的产量。这就是为什么 ILO 自建立伊始就设定了这样的标准，事实上，所有上述条款所要做的都是把那些标准融入人权条约之中。若是洛克和卢梭活在狄更斯和托尔斯泰的时代，或者是他们曾游历过当今最贫穷的国家，他们是否能看到阻止将这一权利包含在"自然"权利中的困难是站不住脚的。但不论如何，该权利已现实存在，且许多国家，无论穷富，都受国际法的约束而尊重该权利。

社会保障、帮扶和福利

若是你有工作，你既能够使用自己生产出的产品，他人也可以付给你一定的报酬来换取你的劳动或产品,那么,如果你有家庭的话,就能够很好地养活你自己和你的家庭。但并不是所有人都这么幸运。你可能会生病、残疾或者丧偶,或者因为上了年纪而不能工作了。你种的作物可能歉收了,你的供应商或顾客可能破产了。若是你是一个挣工资的人,你会发现自己很轻易地就会失业。而这些都不是你的错。那么,接下来该怎么办呢?

《世界人权宣言》第22条称,"每个人,作为社会的一员,有权享受社会保障……"第25条第1款规定,"在遭到失业、疾病、残废、守寡、衰老或在其他不能控制的情况下丧失谋生能力时,有权享受保障"。仅此一次,《经济、社会和文化权利国际公约》实质上对该条进行了缩略,其仅仅规定"缔约国……确认人人有权享受社会保障,包括社会保险"。与之相比,《欧洲社会宪章》将这项简单的权利至少扩充到4项条款(第12~15条)中,予以详细的规定。一如既往,这同样是有原因的。工业化的欧洲对贫困人群完全能够负担得起,因而为此创制了一整套安排:社会保障、社会帮扶、医疗救助、社会福利、职业培训、康复、安置以及其他。另一方面,对于世界最贫穷的国家来讲,《经济、社会和文化权利国际公约》规定的是最低共同标准,它们能够满足最低社会保障就够幸运了。

但主要问题已被确立:那些由于遭受折磨人类的灾难而陷入困境的人们不该被允许因为没有帮助而自生自灭。这种帮助不再是酌情而定的施舍:这是一种权利,可以要求作为整个社会的代表的国家予以实施,而整个社会反过来有义务提供其集体力所能及的所有保障——且不得歧视。这就是问题关键所在。

财产

对于约翰·洛克而言,生命、自由和财产是所有人类权利中最神圣的。美国大革命的领导者开始是赞同这一观点的,但后来经过思索,他们最终将生命、自由和追求幸福定为最神圣的权利。

其他人却不这么认为,早期的法国社会主义者蒲鲁东说,"财产即盗窃"。《世界人权宣言》显然没有受这种批判观点的影响,于第17条(第1款)规定:"人人得有单独的财产所有权以及同他人合有的所有权",紧接着第2款规定:"任何人的财产不得任意剥夺。"欧洲及美洲人权文件以更温和的方式宣布了该项权利,非洲人权宣言是以一种绝对的形式进行了规定——"财产权应受保护。"但联合国人权两公约对该事项保持了绝对的沉默。

初看之下，这似乎十分奇怪。总的说来，普遍性人权文件倾向于达成这样的共识。这些文件在重点或细节上可能会不同，但总体上来说它们以大概同样的形式宣誓了大致相同的权利。为什么联合国对于财产问题如此含蓄呢？毕竟，每个人都希望至少能获得某些财产权——传统镇压方式中的一种就是剥夺你所厌恶的人们的财产权。当然，其原因还是意识形态上的。马克思主义的理论中，私有财产所有者是邪恶的资本主义者，其剥削劳苦大众，"依靠拥有财产维生"，因而所有生产资料都只能归国家所有，根据集体利益予以利用或处置，资本家若是被剥夺财产也得不到赔偿。但在自由主义的理论体系中，国家是令人厌恶的，获得财产的能力是节俭、努力工作、责任以及个人潜能充分发展的基本动因。欧洲人、美洲人，似乎看起来非洲人，都最终倾向于后一种观点，并因此将其奉为一项普遍性人权。但包括苏维埃集团以及其他"社会主义"国家在内的一个更大的世界十分认同这样一种提法，因而明智地同意对此保持缄默。

"私有财产权"并非在所有设立该权利的公约中都是无条件的。相反，对其条件规定得十分严格。欧洲或美洲的条约中甚至没有谈到"所有权"，而仅是谈到"使用"和"享有"。当谈到对财产权的剥夺或使用控制时，上述两公约以及《非洲人权和民族权利宪章》都赋予国家以及其公共机构比任何其他权利和自由都高的干预空间，其依据可以是"公共利益""普遍利益""社会利益""公众需要"以及"公共事业"，这在其他任何人权公约中都是没有的。总的说来，无论"财产权"为何，公约对其的保护弱于对其他任何权利的保护。

14
公正的法律和程序

正如我们在第一部分中了解到的,正义这一概念深深根植于人权框架体系之中。它是正当性的本质要求,并反过来对合法性予以约束。最能体现正义观的莫过于有关法律和程序正义的国际法规范了,而设立这些规范的目的,就在于促使所有社会成员正当地行为,并为遭受不公正待遇的人提供有执行力的救济手段。

在一个尊重人权的法治社会里,个人有权利期望法律确认他具有的权利及义务,且无论他是谁,也无论其他人有多少权力,而平等地对待他和所有其他人。同样,他也可以期望他所涉任何法律纠纷,无论在案件中他是作为原告还是作为被告,无论对方是个人还是公司、是工会还是国家本身,都能通过正当程序,经由法庭审理,由公正、独立的法官作出裁判,并在诉讼过程中享有与对方对等的诉讼权利,并根据需要同等地获得专业的法律援助和代理。

这里存在的问题对于所有人而言都不陌生。历史上充满了这类以牺牲其他人为代价而偏向某一社会团体、阶层或其他特权群体的法律实例:由后来掌权者制定具有追溯力的法律,以惩罚行为发生时完全合法的行为;如果在取得证据之前便事先推定有些人犯了罪;拿欺诈或伪造得来的"供述"

人/类/的/法/定/权/利

捏造对持不同见解者的刑事控诉；或是常常在为特别事件而成立的法庭，以不正当手段操控地、秘密地或"表演性"地审理案件，被告没有适当机会来为自己辩护，所有人在审判开始前就知道裁判结果，也知道无论出现何种证据、何种论证，结果都是一样，那么，这种在合法性的虚假外衣下进行镇压和迫害的行为就是国际法的规定要针对的问题。尽管提供保护的代价可能很高，但国家义务是绝对且即时的。

正义女神是作为法律基础的公正道德的象征，其中，天秤象征公正的审判，剑象征惩奸除恶的制裁之力，眼罩象征无视被告的容貌、权力、身份、家世、地位。

法律面前人格的承认和平等

《世界人权宣言》第 6 条称："人人在任何地方有权被承

认在法律前的人格"。在接下来一条中它规定,"法律之前人人平等,并有权享受法律的平等保护,不受任何歧视"——《公民权利与政治权利国际公约》(第14条第1款、第16条及第26条)、《美洲人权公约》(第3条及第24条)及《非洲人权和民族权利宪章》(第3条及第5条)完全重申了这一主张。然而,《欧洲人权公约》省略了这一点:可能是因为起草者觉得这太不证自明了,而不需要再次提及。

学习美国历史的学生会认识"平等保护"这个著名的短语,因为它源于经过激烈论战的美国宪法第14条修正案:当时美国内战刚刚结束,为确保战败的南部联盟不会通过恢复奴隶制的方式,歧视刚刚被解放的黑人,宪法禁止任何一个联邦成员州"否认在其管辖内任何人享有的受法律平等保护的权利"。但尽管可能起源于北美,这一规定自此后出现在许多国家的宪法里。所以不仅在美国最高法院中,而且在其他国家尤其是印度的最高法院,也不乏对"平等保护"的大量解释。

《公民权利与政治权利国际公约》《美洲人权公约》和《非洲人权和民族权利宪章》均规定,即使在战争或公共紧急状态下也不得对此权利进行克减。奇怪的是,《欧洲人权公约》却允许此种克减措施的出现。

溯及既往的法律

《世界人权宣言》第11条第2款对此有所规定:"任何人的任何行为或不行为,在其发生时依国家法或国际法均不构成刑事罪者,不得被判为犯有刑事罪。刑罚不得重于犯罪时适用的法律规定"。

所有公约都重复了这两条规定：《公民权利与政治权利国际公约》第15条、《欧洲人权公约》第7条、《美洲人权公约》第9条和《非洲人权和民族权利宪章》第7条第2款。《公民权利与政治权利国际公约》和《美洲人权公约》又增加了一条称：如果在犯罪行为发生之后，处罚措施被减轻了，那么必须给予罪犯减刑的待遇。

斯特拉斯堡的欧洲人权法院的判例存在大量可供学习之处。美国宪法当中存在类似的"溯及既往"法律的规定，美国最高法院同样对此作出过大量裁决。

上述公约都不允许在战时或公共紧急状态下对该权利采取克减措施。

公正审判

《世界人权宣言》第10条对此总结如下："人人完全平等地有权由一个独立而无偏倚的法庭进行公正的和公开的审讯，以确定他的权利和义务并判定对他提出的任何刑事指控。"

大多数普遍性公约都重申了这一规定：《公民权利与政治权利国际公约》第14条第1款、《欧洲人权公约》第6条第1款、《美洲人权公约》第8条第1款和《非洲人权和民族权利宪章》第7条第1款及第26条。它们都作了一些补充规定：法庭必须"依法设立"［《美洲人权公约》还增设了"预先（依法设立法庭）"的规定］，且"适格"（尽管《欧洲人权公约》省略了这一点），并且须"在合理时间内"进行审判（《公民权利与政治权利国际公约》未对此进行独立规定，而是在第9条第3款中针对被羁押的人而提出）。《非洲人权和民族权利宪章》规定了公正、独立和合理时间，但未规定审判应公正或公开。对于公开，《公民权利与政治权利国际公约》和《欧洲人权公约》允许一定例外（例如涉及青少年的案件可不公开），而《美洲人权公约》仅要求刑事审判公开。

相比起来，在适格国际机构中以这些条款为由提起的诉讼多于公约的其他任何部分，因此，在欧洲人权委员会、欧洲人权法院和美洲国家间人权委员会的案例报告中可以找到大量有关它们的解释。比如，在著名的 Golder 诉英国（在押囚犯不被允许就控告看守诽谤一事，寻求律师的咨询意见）一案中，欧洲人权法院由公正审判有关条款中推导出"获得法院受理的权利"，这一权利在 Airey 诉爱尔兰（一位妻子试图申请与其丈夫的司法隔离）案中进一步引申为，在重要民事案件中，需要但无力负担律师费用的人获得司法救助的权利。同样还有许多案例解释了"什么构成了影响民事权利和义务的决定性因素"，以及"由公共行政机关作出的可能影响个人权利和利益的决定是否属于这种决定性因素"的问题。越来越多的人认为，依法遵守并保障人权的国家，不仅应当在法院审判活动中确保公正，还应将公正审判的原则适用于行政官员行使其自由裁量权之时。

欧洲人权委员会和欧洲人权法院在判例中拓展出了一个重要的原则——法律程序中的诉讼对等原则，这条原则尤其适用于刑事审判程序之中。在这些案件中，代表国家的控方在诉讼程序启动之初即具有压倒性优势。

被告的权利

由于控方在诉讼程序中处于绝对优势，国际法特别对被指控的人的权利进行了规定，赋予被控犯有刑事罪行的人以特别权利。《世界人权宣言》第 11 条第 1 款规定："凡受刑事控告者，在未经获得辩护上所需的一切保证并经公开审判而依法证实有罪以前，有权被视为无罪。"

其他公约仅仅重申了无罪推定原则而未作扩大。但它们将"辩护所需的保证"扩大为完整且详细的一系列被告必须拥有的最低限度的权利。（《非洲人权和民族权利宪章》对此的规定比其他公约要简略。）被指控犯有刑事罪行的人的权利包括以下内容：

被详细告知被指控的罪名；

有充分的时间和便利来准备辩护；

自己辩护或自主选择律师进行辩护，若无法支付律师费用，则可免于支付；

询问所有对其不利的证人，让其自己指定的证人出庭；

在需要时获得免费翻译；

不必提出对自己不利的证据；

针对所判罪行向更高一级法院提出上诉；

已经被判有罪或无罪的同一个犯罪行为不被重复审判。

针对"在不同的情况下以及在不同国家的刑事诉讼体系中如何确定这些权利的确切范围"的问题，国际机构收到了要求就大量适用公约有关公平审判权的规定进行解释而提起的诉讼，因而产生了大量有关判例。确实，在欧洲体系中一些国家——特别是德国和奥地利——已经不得不依据斯特拉斯堡的裁决对其刑事诉讼程序作出重大修改，以确保与其在《欧洲人权公约》条款下的义务相一致。这是国际人权法在国内实践中产生实质影响的杰出案例。

误判

人非圣贤，孰能无过！即使是设计完备的刑事审判体系仍会偶尔出错，导致无辜的人可能被定罪。（这显然是反对死刑最有力的论据之一。）对此，两个公约（《公民权利与政治权利国际公约》第 14 条第 6 款、《美洲人权公约》第 10 条）规定必须设定一项获得赔偿的法定权利，而不仅仅是一项可酌情处理的权利。此种赔偿仍在内政大臣自由裁量范围内，英国并未依据其承担的国际义务将误判赔偿权纳入国内法。而即使（误判受害者）获得了完全的赦免，对其进行的任何赔偿行为也仅仅是出于道义的。

15
思想自由

圣经（新旧约）告诉我们，"人活着不是单靠食物，乃是靠上帝口里所说的一切话"。毫无疑问，人类对于食物、水、住所以及衣服的肉体性要求一旦得到满足，就会很快开始经历对情感、精神以及本能的需求——我们相信，这是在地球上芸芸众生中人类所独有的特征。这包括满足我们的好奇心、获取有关周围环境的信息，构建有序的信仰、宗教、意识形态以及世界观体系，与他人交流信息、思想和观点，从他们的经验中得到教育，参加到科学、艺术或其他文化事业中。在所有以上行为中，人类个体展现了对选择自由、自主、独立以及他人尊重的强烈需求。

但上述活动似乎使得人类仇视其他同类的机会增多了，这也是人所独有的。我们不仅常会在物质资料尤其是稀缺资源的竞争中相互迫害、剥削和剥夺他人（的权益），而且还会因他人所持的观念、信仰与自己不同而对他人进行迫害。几乎不存在没受过迫害的宗教——而且，只要它的能量足以完成自身的创建，那么它有余力对其他宗教进行迫害也是很常见的。我们并不满足于用逻辑、信念和例证来说服他人认同我们的观点，还袒露出了一种令人不安的、通过暴力达成这一目的的癖好，而这有时会发展成折磨、谋杀或大规模屠杀。

思想、良心和宗教

《世界人权宣言》第 18 条规定如下：

> 人人有思想、良心和宗教自由的权利；此项权利包括改变他的宗教或信仰的自由，以及单独或集体、公开或秘密地以教义、实践、礼拜和戒律表示他的宗教或信仰的自由。

三份公约——《公民权利与政治权利国际公约》（第 18 条）、《欧洲人权公约》（第 9 条）以及《美洲人权公约》（第 12 条）——都紧密地效仿这样的行文方式，但以维护公共安全、秩序、健康、道德或对他人权利和自由的保护为名，使宗教或信仰的表达受制于一些法律规定的且"必要的"非同寻常的限制——只有《欧洲人权公约》提出这些限制"在一个民主社会中"是必要的。《非洲人权和民族权利宪章》第 8 条对此规定得更为简略。

另外，《公民权利与政治权利国际公约》第 20 条第 2 款规定，"任何鼓吹……宗教仇恨的主张，构成煽动歧视、敌视或强暴者，应以法律加以禁止"；第 27 条规定，在那些存在着宗教少数群体的国家中，不得否认其成员"同他们的集团中的其他成员共同享有自己的文化、信奉和实行自己的宗教或使用自己的语言的权利"（参见第十八章）。

在这些条款背后，我们仍可看到几个世纪以来的努力。在西欧，宗教改革和反宗教改革过程中，男男女女因其所持观点而遭受折磨、焚烧、绞刑或斩首；即使是在随后的启蒙运动中，许多地方的"自由思想者"仍遭受迫害。这并非都已成为过去。例如在英国，其国王必须为新教徒，且只能与新教徒结婚；从1974年起，英国上议院大法官才可能由一个罗马天主教教徒担任。上述情况只对小部分人产生了影响，但更普遍的宗教歧视在一些地方引发了直接的迫害，这在世界许多地方不但依然存在，而且实际上还在不断地增加着。

斯特拉斯堡产生了许多相关法理规则，如 Arrowsmith 诉英国一案的判决裁定反战主义属于思想和良心自由权的范围，在 X 诉英国案的判决中，裁定出于保护公共健康的目的，一个锡克教教徒应依法佩戴摩托车头盔，即使这意味着他必须摘掉其宗教要求佩戴的头巾。美洲国家间人权委员会批判了索莫查（Somoza）统治时期的尼加拉瓜宪法当中的一个条款，该条款禁止基于宗教动机或信仰而进行的政治宣传，并禁止此类来自政府神职人员、法律或公务员的批评。

在此，国家的义务是绝对且即时的，只有《欧洲人权公约》允许在战争或公共紧急状态下对其予以克减。

信息及思想交流

《世界人权宣言》中最经常被引用的条款大概就是第19条了：

> 人人有权享有主张和发表意见的自由；此项权利包括持有主张而不受干涉的自由，和通过任何媒介和不论国界寻求、接受和传递消息和思想的自由。

第三部分 规则说了些什么

罗马布鲁诺铜像

美洲宣言第 3 条的规定略微有些不同：

人人有权借助任何媒体以享有调查研究自由，观点自由、思想表达及传播自由。

又一次，《公民权利与政治权利国际公约》（第 19 条）以及《欧洲人权公约》《美洲人权公约》（分别为第 10 条及第 13 条）的用语和《世界人权宣言》相近；但《公民权利与政治权利国际公约》和《美洲人权公约》都对"通过任何媒介"进行了解释，即通过口头、书面或打印、艺术形式或其选择的任何方式。

相对而言，《非洲人权和民族权利宪章》第 9 条的规定就十分简略，仅规定"人人应享有获得信息的权利"以及"人人应享有依法表达和传播其观点的权利"。

在欧洲，自17世纪始即掀起了争取"言论自由"的斗争，这场斗争最初是与争取宗教信仰自由紧密相连的。其进程可借由下述事实进行衡量：1688年通过的英国《权利法案》仅保护国会议员，坚称"议会内一切演说、辩论或议事的自由，不应受到任何法院或议会的弹劾或质疑"；而1791年美国《权利法案》第1条，即著名的第一修正案，试图保护大众不受议会议员的侵害，其规定"国会不得制定任何法律……限制言论或出版自由"。

独立之精神，自由之思想——陈寅恪

即使国家关于表达自由的义务在当今的国际法中是绝对且即时的，但被保护的自由却不是绝对的。首先，在战争或其他公共紧急状况时期可能会予以克减，当然，克减的程度严格限于情况紧急程度的需要。表达自由还受到约束和限制的保护——从《欧洲人权公约》来看，表达自由还受到一些其他权利所不具有的约束和限制,以《欧洲人权公约》为例,除了提出"在民主的社会中"这一限制条件外,还增设了以下 4 项约束条款:领土完整、对他人名誉保护、防止情报泄露以及保证司法权威和公正。只有《美洲人权公约》明确禁止"事前审查"(仅出于对年轻人道德保护的目的而对获得公共娱乐的途径进行规范的除外),但是它还特别独一无二地补充了重要一段:

> 表达自由不得以间接方式或方法被禁止,如滥用政府或私人对新闻出版、广播频率或其他传播信息设备的控制,或其他妨碍思想和观念交流与传播的方式。

当然,在此方面存在大量的司法实践,不仅源于斯特拉斯堡,还来自许多国家的最高法院或宪法法院,特别是在近两百年时间里适用并解释第一修正案的美国最高法院。概括说来,这个法律体系构成了今天人们所能想到的一切。言论自由、表达自由和出版自由构成了任何自由、开放和民主社会的必不可少的基础。它们是必要的,通过让老百姓意识到在政府和其他组织中存在着权力的滥用、腐败和无能方面的问题,以便节制统治者的无度放纵;促进公众参与到关系到每个人的政策与事件的讨论中去,促使这些问题的和平解决;促进不同思想、哲学和政治意识形态间自由、公开的竞争;它们为每一个人智力和精神的发展所必需。在 Handyside 诉英国及 Sunday Times 诉英国案中,欧洲人权法院再次提醒我们,正如美国最高法院的惯常做法一样,能够自由交流的信息和思想并不仅限于颇受好评的、毫无恶意的或无关紧要的内容,也包含那些可能对国家或国家人口中一部分人造成不快、震慑或妨碍的信息与思想。

对于限制和约束,必须十分小心地予以审查,只有当考虑到特定表达自由的实施将导致某些显而易见且迫在眉睫的公共危险的时候——正如在一个常被引用的案例中,由著名的美国最高法院大法官霍姆斯(Oliver Wendell Holmes)在 Schenck 诉美国一案作出的判决,案中一个男子在剧院中假装大喊"着火了"而引起了恐慌——或者为了捍卫真正的国家安全,赔偿遭受不公正诽谤的人,或者是条约中特别规定的其他原因当中的一条时,才能够允许被适用。

《欧洲人权公约》关于保护"司法权威和公正"的考虑反映了制定禁止"藐视法庭"——特别是在审判前以报纸形式批评一方当事人——的法律需要。例如,刑事案件中的陪审团成员若是曾在报纸上读到过被告人酗酒、殴打妻子、侮辱邻居或者有犯罪前科的报道,即使这与本案无关,他们也可能会对被告存有不公正的偏见。"性欲狂最终被捕"的题目下紧跟着的是嫌疑人的姓名和照片,绝不会有助于对被告人进行客观的辨认或有助于陪审团认定他是否是真正的罪犯。然而,在"星期日泰晤士报"案中,欧洲人权法院表明,公众有权知晓法庭上发生的事,媒体有义务披露这些信息,因而任何关于藐视法庭的法律,都必须严格限制在为避免审判不公的实质性风险所必需的限度内。

顺便说一下,这项权利乍看之下似乎是可让渡的,因为很显然一个人应保守他人秘密,如医生和病人、某个雇主的商业秘密或军事研究等情况。但正确的分析可能是这样一个自愿接受的对某个人表达自由的限制具有一个特别的例外情况，比如那个"出于保障他人权利的考虑"。

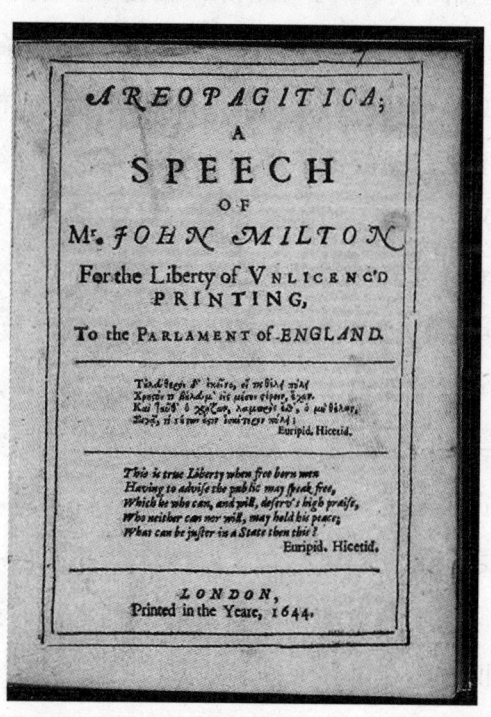

约翰·弥尔顿的名著《论出版自由》1644年版首页，该书有力批驳了出版审查制度。

教育和培训

《世界人权宣言》第 26 条规定"人人都有受教育的权利"，并进一步要求强制进行初等教育，且至少初等和基础教育应是免费的。"应普及技术和职业教育，高等教育应根据成绩对一切人平等开放。"接下来是关于教育目的的一段完美无缺的条款，最后我们被告知"父母对其子女所应受的教育的种类，有优先选择的权利"。

对于世界上许多比较贫穷的国家来说，这是难以完成的任务——这也解释了为何《经济、社会和文化权利国际公约》第13条、第14条和《欧洲社会宪章》第9条、第10条中有关教育的原则性规定，都仅向缔约国施加了相对且渐进的义务，而不是像《公民权利与政治权利国际公约》和《美洲人权公约》一样对缔约国施加了绝对且即时的义务。在该领域中唯一绝对且即时的义务规定在《欧洲人权公约》的第一号议定书中，即"不得否定任何一个人的受教育权"。但这些条约中的规定都是十分详细、明确的，尤其如果大家铭记那些高于一切的非歧视条款——旨在防止诸如大学在招生时，录取权贵之家资质平庸、空虚度日的公子哥，而拒绝接纳来自贫贱之家天资聪颖的女子，淘汰那些肤色不同或因父母的政治信仰或工会活动得罪权贵而受到牵连的孩子们——这些现象仍旧发生在世界上许多地方。

但《公民权利与政治权利国际公约》和《美洲人权公约》并非在教育问题上保持完全沉默，二者——和《欧洲人权公约》第一号议定书那样——规定了父母有权要求其子女接受符合其信仰、道德或（在欧洲范围内）哲学的教育。这是为了限制国家在学校中实施的教条灌输。斯特拉斯堡机构在诸如公立学校所使用的语言问题（比利时语言案）、性教育（丹麦的 Kjeldsen 案）及体罚（苏格兰的 Camptell 和 Cosans 案）上适用该条款。在人权事务委员会处理 Hartikainen 案之后，芬兰改变了其在宗教教育上的做法。

顺便说一下，教育权似乎是我们所知唯一一项要求享有该权利的人积极地被迫使去做某事的人权。这里，至少这一次，似乎在一项权利和一项自由之间存在着一个真正的差异。

文化、艺术和科学

《世界人权宣言》第 27 条告诉我们"人人有权自由参加社会的文化生活，享受艺术，并分享科学进步及其产生的福利"，然后接着规定，"人人对由于他所创作的任何科学、文学或美术作品而产生的精神的和物质的利益，有享受保护的权利"。

与受教育权不同，为什么这些权利仅是相对且渐进的国家义务而非绝对且即时义务的客体并不非常直观。毕竟，它们仅要求国家不禁止它们的国民在文化、艺术和科学中扮演它们希望的角色，以及实施专利和版权法以保证人们不会为自己的不正当利益而剽窃他人的智力或艺术成果。然而，除去《非洲人权和民族权利宪章》第 17 条第 2 款外，唯一反映《世界人权宣言》该条款的是《经济、社会和文化权利国际公约》第 15 条，该条增加了对所有科学家和艺术家而言至关重要的一段："本公约缔约各国承担尊重进行科学研究和创造性活动所不可缺少的自由。"

确实，科学和艺术没有边界。但这是至今为止唯一承认这一事实的有约束力的国际法。

隐私、荣誉和名誉

《世界人权宣言》第 12 条规定："任何人的私生活、家庭、住宅和通信不得任意干涉，他的荣誉和名誉不得加以攻击。人人有权享受法律保护，以免受这种干涉或攻击。"

此处，在将这些议题转化为具有约束力的缔约国义务时，各条约的做法不尽相同。《公民权利与政治权利国际公约》与宣言一致，将所禁止的干涉或攻击的类别限定为"非法"，并以"非法"一词作为"……通信不得任意干涉"中"任意"一词的同义词。《美洲人权宣言》第11条还增设了对个人荣誉和名誉的人格尊严的保障，用"滥用"取代了"不得任意干涉"中的"任意"一词；还特别增设了对失真或妨碍性公共言论作出公开回应的权利。《欧洲人权公约》第8条走了完全不同的道路：它未将这一问题限定于"任意""非法"或"侮辱性"干涉，而是首先声明"每人都有权受到对其私人及家庭生活、住宅和通信的尊重"，但接下来又允许由政府当局——而非其他个人，诸如搜集流言蜚语的记者——为维护包括"国家经济良好运行"在内的合法价值而对该权利实施的干涉行为。

这一问题相当棘手，因为在现代科技时代，许多在18世纪被认为是对"公民自由"的侵犯——如国家工作人员搜查、没收文件——在现今被认为是对隐私的侵犯，"自由"一词在当今社会越来越局限于不受逮捕、拘禁或其他限制自由行动的身体自由。

但也不是全都是这样。在很多事项上，我都希望自己的隐私能够得到尊重——为保障我在这个比以往任何时候都复杂的受官僚支配的世界中保持自己的尊严、自主和操守，隐私得到尊重的愿望在任何时候都能得到满足，对我而言至关重要。但它不可能总是这样，因为，例如，当我希望为自己正在策划的爆炸或抢劫或者我对公众的诈骗行为或者我收受贿赂的行为或者我的狗咬了兔子的事或者我自己感染的伤寒予以保密。正如《欧洲人权公约》认定的那样，在一定情况下，隐私必须让步于对他人的保护。因此，事实上，这一陈述比诸如"任意""非法"或"侮辱性"要恰当，因为"任意的"仅指肆意且不符合理性规则，"非法的"可能导致循环，因为这可能会使得国家只要通过制定广泛或灵活的法律予以掩盖，就可以实施对隐私最普遍、最没有必要的侵犯。

THE RIGHT TO PRIVACY

by

Samuel D. Warren

and

Louis D. Brandeis

1890年，美国的两位法学家布兰蒂斯和沃伦在哈佛大学《法学评论》上发表了一篇题为"隐私权"的文章，并在该文中使用了"隐私权"一词，被公认为隐私权概念的首次出现。

当然，《欧洲人权公约》仅允许"符合法律规定的"且为维护受保护的价值而"在民主社会中必要的"干涉行为。这在两个有关电话录音的案件中得到了充分的展现。在来自前联邦德国的 Klass 案中，尽管有些勉强，欧洲人权法院仍认为可能遭受恐怖分子恶意袭击之时，一个国家有权对嫌疑人采取电话窃听措施——但这仅仅因为法院所称的"这个天生的危险行为"受到了为无辜群众提供了重要保护措施的一部德国法律的严格约束。但在来自英国的 Malone 案中，法院认定英国相关的国内法"有些模糊"，且并未清晰地表明政府当局在进行电话录音时自由裁量权实施的范围和方式。因此，"在民主社会中，公民依法所应享有的最低限度的法律保护"缺失了，判决没有支持政府的主张。

《欧洲人权公约》中的这个特殊的条款为法学理论领域的扩展提供了丰富的资源，常常被申诉人当作支持其案件诉求的另一依据予以援引。在判决过程中，斯特拉斯堡机构对该权利保护的所有基本概念——"私人"及"家庭生活""住宅"和"通信"——进行宽泛的解释，并将隐私权作为保护公约其他权利的一个重要的辅助手段，以支持贯穿公约始终的对个人尊严、自由、独立和气节予以尊重的原则。欧洲理事会还通过了《关于自动处理私人记录中保护个人的公约》。该公约向缔约国施加了巨大的压力，要求其制定法律控制政府当局及私人公司掌握的电脑记录。

该权利上的国家义务是绝对且即时的，但在战争或公共紧急状况下允许予以克减。

16
一起做事

亚当靠自个儿能做的事儿是非常少的。几乎每一项活动，不管是工作还是娱乐，如果期望获得成功的话，都需要来自他人的合作。近代人类是一个高度合作的物种——的确，这是其在生物基因方面成功的重要因素之一。不仅因为他已经学会了如何将个人的力量结合在一起，如同一群人拉同一根绳子，以使得拉起一个比他们任何一个人重许多倍的重物；并且，他还学会了将具有不同技术的人进行分工，以使得他们创造出来任何一个人依靠自己的力量所不能创造的新事物。

为了让每个个体实现自己的目标，就需要他们必须自由结合在一起，不论是以家庭、村庄、俱乐部、社团、合伙、公司、工会、运动组织、党派，甚至是国家的形式，组成不同的团体。在这样的团体中，其所积聚的力量要远远超过任何一个个人所能。但是这样的力量同时也会带来威胁，因为当其要针对一个个人的时候，个人仅依靠自己会无法与之对抗。

政府们太了解这个状况了。为了让个人通过相互结合完成其既定的建设性的目标，它们必须为建立这样的组织提供帮助。但是，为了保护个人免遭为追求破坏性结果而建立的组织的侵害，政府也必须能够限制其活动。摆在面前的问题显而易见：怎样判断哪些组织是建设性的、哪些是破坏性的呢？什么应该被扶持、什么应该被限制甚至应该被禁止呢？显然，应该制定制止骚乱和实施私刑的法律，这是最极端的一类破坏性团体。同样，也必须出台相关的法律，打击有组织犯罪、勒索和欺诈行为，以及为寻求不法目的而制造的阴谋。

如何处理在选举中，甚至在选举前，为罢黜现政权而成立的政党呢？或者是工会组织，其设立的目的是强迫雇主提高工资待遇、改善工作条件，如果雇主不答应工人们的要求，就不惜以降低雇主的收入，甚至使其丧失生意的罢工相威胁？或者是为维护消费者负担的价格而建立的同业联盟？这些到底算不算不合法的目的呢？

这里再次出现了一部恶作剧。掌权的政府用尽浑身的解数降低其政治反对派的力量，其中必用的一招就是阻止他们相互联合起来，组建反对势力。这正好解释了为什么一些国家将异己分子流放到偏远的落后地区，而另一些国家则出台"禁令"，将一个人以上的聚集当作刑事犯罪来处理。政府也可以在经济领域内顾及这样或那样的利益：如果他们想给消费者一些利益，就会禁止垄断和商业卡特尔。如果他们想让利给生产商，就会禁止罢工，甚至不让组建工会组织。他们会借口说为了保护工人的利益而这么做的；少数几个自称的社会主义国家允许自由的工会组织活动。

集会的自由

很明显，没有一个文明或人道主义的社会能够容忍私刑或骚乱的出现。个人必须拥有在街道上和公共场所处理其个人事务的自由，而不必担心被一群敌对分子攻击，或者让他的店铺遭到损毁或洗劫，或者自家的房子被人放火烧了。但是，如果那个人希望抗议社会上正在发生的事情，不论政府是否与其有关，他必须拥有那么做的自由。其中更加有效的办法之一就是举行公众示威活动——在一个公众场合集会或者沿街游行。因此，我们必须在这两者之间划出界限，其最明显的地方就划在是否存在任何形式的暴力或以暴力相威胁的情况，也就是说，只要群众保持和平就行。

《世界人权宣言》第20条第1款规定"人人有权享有和平集会和结社的自由……"，并且三个相关的条约重复了这样的表述。美洲宣言第15条在采取良好措施之后加上了"没有武器"的语句，但是《非洲人权和民族权利宪章》第11条不知是何原因去掉了"和平的"字眼。条约相对于《世界人权宣言》来讲，如果要像法律文件那样正常发挥作用，就需要更进一步细化相关规定。正如人们所料想的那样，条约中都增加了我们现在熟悉的限制性条款，允许成员国对这项权利作出限制，但是仅限于在一个民主社会里，法律认为是必要的，为保护一个或多个合法的公共利益——公共秩序、公共卫生、公共道德等。国际义务是绝对的和即时的——尽管再一次如人们所想到的那样，在处于战争或公共危机期间，克减是被允许的，但仅"严格地限于事态紧迫需要的范围之内"。

结社的自由

《世界人权宣言》仅仅在宣布每个人拥有和平集会自由

权利的地方加上了"以及结社"的字眼,好像将此两项权利相提并论了。《欧洲人权公约》在第 11 条的表达上沿用了这种体例,但是《公民权利与政治权利国际公约》、《美洲人权公约》和《非洲人权和民族权利宪章》都将两者拆分到单独的条款里了。实际上,它们并没有作出多么巨大的区分。《美洲人权公约》(第 16 条第 1 款)列举了一些结社的目的,诸如"意识形态的、宗教的、政治的、经济的、劳工、社会、文化和体育",但是同时也明确表示这些列举的目的并没有被穷尽。《非洲人权和民族权利宪章》对集会权利作出了常规性的限制,但对结社权却没有:相反,它在此处增加了含义深远的一段话"只要他遵循法律的规定"。

但是《世界人权宣言》包含了另外一条非常重要的条款。毫无疑问,当忆及独裁国家强迫加入执政党的情形时,宣言特意增加了一个条款,指出:"任何人不得被迫隶属于某一个团体"。只有《非洲人权和民族权利宪章》重复了这点,但是规定"服从团结的义务要求"(详见第十八章)。《公民权利与政治权利国际公约》《欧洲人权公约》和《美洲人权公约》都没有相关规定。

工会

那些已经拥有一些政治或经济权力的人在其社区内一般不会在组织其社团方面遭遇太多的困难。总体来说,他们倾向于支持其社会制度,并且他们的政府因此也就没有限制他们结社自由的紧迫需要。但是对于那些手中没有或很少有权力的人来说,情况就不一样了——特别是那些最贫困的人群，社会当中遭受巨大剥削的农村或产业工人们。对他们来说，团结起来的需要是最高的，因为这是他们得以改善其可怜处境的唯一途径。他们通过集体地行使一定程度的权力，来获取他们任何一个个人所不能单独得到的利益，而且只有通过这种高度的组织以及在压迫面前持续不断的团结才有可能实现。

工会一直是这种结社的主要形式，并且在过去超过一个世纪的时间里，尽管付出了巨大的成本，它们还是为其成员争取到了许多显著的胜利。的确，要不是这样，在其他地方仍旧处于贫困状态下，发达国家的工人工资和工作条件、培训、健康和安全标准不会达到现在的水平。在这些斗争过程中，它们曾经遭遇许多的反对——不仅来自与他们经济利益处于对峙状态的工商业主、地主，而且来自已经将其视为自身利益一部分的政府。鉴于此，尽管开始的时候，它们关心的只是经济结果，但是只要政府开始对它们的活动进行限制，它们就不得不卷入政治问题了。

所有这些在国际条约中都有所体现。《世界人权宣言》第23条第4款规定"人人有为维护其利益而组织和参加工会的权利"，四个国际公约几乎完全重复了这一条款。值得注意的是，《公民权利与政治权利国际公约》和《欧洲人权公约》是处理有关"公民和政治权利"方面内容的条约，而联合国《经济、社会和文化权利国际公约》和《欧洲社会宪章》涉及的是"经济、社会和文化"事务。这里又出现了另外一项不能被整齐地划入这类或那类的权利或自由。（尽管《美洲人权公约》和《非洲人权和民族权利宪章》没有明确提及工会,但对结社自由的一般保护涵盖了这方面的内容。)

《经济、社会和文化权利国际公约》作出了一个细微但是重要的区分:它确立了组织工会的一项权利,并且附加了一项单独的权利——"参加他所选择的工会,这个权利只受有关工会规章的限制"。这点说得很明白,而且对于有些国家来讲,这点需要说清楚,参加工会的自由不能被局限成为仅仅参加由雇主或政府设立和控制的单一的工会的自由。尽管这一区别在《欧洲人权公约》中没有过多地规定,但是它们同样被斯特拉斯堡的机构加以解释,这些机构在此问题以及依据 ILO 相关公约而制定的《欧洲社会宪章》第 5 条和第 6 条分别保护的"组织权"和"集体谈判权"上都积累了丰富司法经验。

在 Young、James 和 Webster 诉英国一案中,欧洲人权法院有机会处理一个与工会有关的逆向的人权侵害案件,即由于政府的不作为,没有出台一部或许可以防止出现侵权行为,或为此提供救济的法律,使某个人遭受了来自工会组织的伤害。这是一个发生在英国铁路系统的只雇佣特定工会会员的案子。也就是,凭借在某个行业处于把控地位的工会享有的集体力量,而将一个要求强加给整个行业,只有那个工会的成员才会被雇用从事某类工作。因此,从事此类工作的工人被剥夺了参加或不参加工会,或者加入这个还是那个工会的选择权:要么他加入这个把控行业的工会,要么他不能在这个行业工作。我们已经看到《世界人权宣言》说"任何人不得被迫隶属于某个团体",《经济、社会和文化权利国际公约》明确地赋予人们在不同的工会间进行选择的权利。但是根据《欧洲人权公约》，这个案件据此规定可以提交给斯特拉斯堡的法院，没有用这么多的语言提及这些事。然而，法院认为，向一个已经受雇的工人施压，以让其失去生活保障相威胁，要求他参加某一个工会组织的强迫行为与公约规定的自由结社的规定不相符。在没有出台相关立法的情况下，当雇主以与工会之间签订有只雇用特定工会会员的协议为由开除申请人时，政府就让自己陷入了对申请人所遭受的伤害承担责任的境地了——Drittwirkung案就是一个不错的例子（详见第九章）。因此，政府被判败诉，不得不向申请人提供赔偿并被迫适当地修改法律。这个案件提供了另外一个国际人权法如何保护弱者免受强者欺凌的案例，甚至在强者碰巧是一个弱者的社团组织，并且活跃在私人而非公共部门的情况下。

至于常常被讨论的"罢工权"，只有两个普遍性的条约明确地予以规定。（两个ILO的条约非常详尽地涉及此问题。）《经济、社会和文化权利国际公约》第8条第1款卯项用模棱两可的语言规定说，"罢工权利，但以其行使符合国家法律为限"；《欧洲社会宪章》第6条第4款将其归入"采取集体行动的权利"——值得注意的是，"在利益冲突的情况下"，工人和雇主同时享有该权利——但是要"遵从之前签订的集体协议中规定的义务"。

所有的条约都承认就警察、武装部队和公务员而言，或许应该给这些权利附加一些限制措施，但是斯特拉斯堡的委员会的专家们一直很慎重，如果他们认为超过了必要的限度，就不同意采取这些限制措施。就像大家猜想的那样，

《公民权利与政治权利国际公约》和《欧洲人权公约》都囊括了他们熟悉的制约和限制条款。而且，正如大家所料，在遭遇战争或公共紧急状态的时候，对这类权利的克减是被允许的——奇怪的是，《经济、社会和文化权利国际公约》中却没有克减条款。

17
民主与公共事务

"民主""自由"和"对人权的尊重"常常被当作彼此间的同义词使用。但是它们到底说得是不是一回事儿呢？对人权的尊重是否等同于自由了呢？这两者是否只能在民主中茁壮成长起来呢？是不是民主政府就自然而然地保障自由、尊重人权了呢？

首先，让我们尽量澄清对"民主"这个词汇的理解。我们常常倾向于用一些模糊的含义来表达它，要么想到的是雅典人在伯里克利时代的国家政权形式，要么就联想到亚伯拉罕·林肯著名的"民有、民治和民享的政府"。实际上，这些说法中没有一个从根本上完全地符合任何一种现代意义上的代议制民主政府的模式。伯里克利时代的雅典是由其全体"公民"组成的公民大会所统治的，但是这些公民只是由这个城邦国家中一部分人口构成的，妇女和奴隶都没有任何选票。林肯在葛底斯堡那段响当当的演讲是一篇灿烂辉煌的演说辞，但是像所有的演说辞那样，它与现实还有一些距离，因为美利坚合众国人民的政府或许是为他们而生，但却肯定不是为他们所领导的，而是由他们选举产生的代表所掌管的，或者更确切地说，是由黑人奴隶以外人的代表所统治的。

此外，民主以前在人们心目并不总是具有今天这么高的

林肯1863年在葛底斯堡唯一的照片，摄于演说前3小时。

地位。的确，对于一些古雅典人来讲，它并不是一句赞美，而是嘲弄人的词汇，因为对他们来讲，古希腊城邦平民指的是一群乌合之众，而不是什么公民，而且在他们的眼里，民主的言外之意就是暴徒统治——它与贵族统治完全相反，亦即善人之治，以其教育、判断、利他、心灵的高贵或者其他任何被认为的最佳搭配统治社会。

尽管如此，代议制民主在当今世界一些地方的确运转地非常好。但是相对来讲，其数量仍旧有限——因为，为了能够茁壮成长，民主这株苗需要一些非常独特的土壤和健全的根系。它需要存活于一个以强大的共享文化传统为依托而结合在一起的国家里，即使在其特殊利益存在分歧的时候，都能够将个人和群体凝聚在一起。它需要源于一段长期的共同的历史锤炼出来的那类政治成熟度，最好包括可以从中吸取教训并且不会被很快遗忘的同室操戈的插曲。它还需要高水平的教育、良好的媒体沟通渠道和相对的物质富足。它还要极大地受益于地理上诸如英吉利海峡、阿尔卑斯山或者一些大洋的隔绝。并不是所有这些因素都绝对地重要，但是能有就太好了。当今世界仅有少数几块地方似乎同时具备了上述这些条件。

古代雅典集会演讲者的讲台遗址。

回到早先的问题：有了民主，它能否就确保自由和对人权的尊重吗？为了回答这个问题，或许回顾一些新近的历史会带来些帮助。以1933年后的德国为例。至少，在后来的争论中被称为"纳粹"，而当时自称为德国国家社会主义工人党他们至少通过宪法这么一个合法的手段首次在那个国家掌握政权；因此，它至少在当时代表了德国人民以民主方式表达出来的意愿。它本该是尊重自由和人权的写照：事实上，它却成为"多数人暴政"的化身。但反过来，我们或许至少可以想象一下伏尔泰的"启蒙思想时期的暴君"——不是由任何接近于自由和公正的选举形式产生出来的一个完全仁慈的君主，他的统治建立在对自由及其下属的权利给予尊重的基础上。（即使受制于那个时代和地方的传统习俗，费代里戈·达·蒙泰费尔特罗，15世纪后半期乌尔比诺公爵，曾经是少数几个非常接近这个形象的统治者之一。）

　　这里存在一个引起误解的危险。理论上讲，这三个概念相互独立：不论是民主还是自由，都不是对人权给予尊重的一个必要或必备的条件。民主或许产生"多数人的暴政"：甚至在普遍享有选举权的基础上以秘密投票的方式进行，大多数白人、基督教教徒或社会主义者的选民们还是会选举产生一个致力于驱逐甚至灭绝所有黑人、犹太人或者资本家的政府。如果不是一个受到公正的法律限制的自由，那么这种"自由"可能会被解释成为压迫、剥削和强取豪夺你最贫穷和软弱邻居的一种特许。

　　但是所有这些都是理论上的。社会现实看起来却是不同的。总体上讲，暴君们不是开明的，但是恰恰证实了阿克顿爵士"权力导致腐败，绝对的权力会绝对的腐败"的观点。大体上说，如果由选举产生的代表感到腐败会带来让选民们下次将其赶下台的风险，那么他们被权力腐败的倾向性就会小一些。因此，民主倾向于带来对人权的尊重，并且对人权的尊重倾向于与依法保护的自由齐头并进。但是这并不意味着民主总是会在任何地方都排除暴政的出现，因为"多数人的暴政"不仅是一个怪诞的噩梦——它能够发生，而且在非常不久前确实发生过。因此，民主本身不是对自由或对人权尊重的绝对保障。就是说，它不是满足这些令人期待的目标的一个充分条件。

阿克顿勋爵（1834—1902）

那，民主是必要的吗？理论上讲，不是——但是从现实来看，很大程度上是。它当然具有一些众所周知的缺点：在受欢迎程度上而不是政策上的竞争；难以抗拒的说的比做的多的诱惑；选举期间长期地彼此攻讦；为拉拢选民而作出的愤世嫉俗的交易原则；短期的政策时域总是受到下一个任期的限制；为赢得公众的逢迎而支持权力饥渴人格的内置性缺陷（不可否认其他的体制同样存在此类的毛病）。但是在一个成熟的民主体制内，其固有的价值会极大地超越这些缺点：在促进自由和保障人权方面，由所有人民定期、自由和秘密选举产生的代表建立的政府机制比其他任何的机制留下的记录要好得多。

这里，危害是显而易见的，仅仅稍微环顾周围世界，其残忍与冷酷便浮现在眼前：人们被一小撮人组成的朋党所统治，这些人似乎只关心维持他们的权力以便自己享用所有的成果，他们不惜利用所能想到的一切手段维护自己的统治，包括对反对派无情的镇压——而不惜以牺牲他们所掌控人群的命运为代价，堂而皇之地忽视这些人的利益或愿望。

人民的意愿

《世界人权宣言》第21条第3款以不容置疑的文字作出如下的表达：

> 人民的意志是政府权力的基础；这一意志应以定期的和真正的选举予以表现，而选举应依据普遍和平等的投票权，并以不记名投票或相当的自由投票程序进行。

这里的前半句话表明了目标，后半句话是采取的手段。一项选举首先假设有些人会被挑选出来担任公职，"人民的意志"将通过这种选择得以表达。但是这里所提到的是什么机关呢？看看条款的规定，大家会以为它指的是政府。但这不是条约本身的出发点：比如，《欧洲人权公约》第一议定书第3条指的是"立法机关"，与前面人们的预想完全不是一回事儿。（毕竟，欧洲至今还有好几个君主立宪制的国家，其政府名义上不是由选举而是由继承而来的个人所领导的。）联合国《公民权利与政治权利国际公约》（第25条）和《美洲人权公约》（第23条）对此没有作出规定：仔细阅读其条文，根本搞不清楚谁应该被选举到什么样的机构担任公职。《非洲人权宪章》根本没有提及任何"人民的意志"或选举的事儿。

第三部分 规则说了些什么

豆选：1937年5月制定的《陕甘宁边区选举条例》规定了选举可以采取多种投票方法：识字多的选民用票选法，识字不多的选民用画圈法、画杠法，完全不识字的选民用投豆法。由于当时广大基层群众90%以上都是文盲半文盲，"豆选"就成为边区革命根据地最重要的选举形式。根据地的群众就是通过"豆选"这种方式，选举22岁的习仲勋担任陕甘边区苏维埃政府主席的。

参与公共事务

无论条约的起草者的政治观念、经济体制或者历史的、文化的传统有多么不同，他们似乎表现出让人理解的勉强，不愿为各国的管理确立一系列具体规则。毕竟，他们关注的是个人的权利，因此，他们非常明智地将精力集中在那些个人应该享有参与国家公共事务管理方面的权利上。在此方面，他们可以遵循《世界人权宣言》同一条的前两款（第21条第1、2款——译者注）的先例：

（1）人人有直接或通过自由选择的代表参与治理本国的权利。

（2）人人有平等机会参加本国公务的权利。

联合国《公民权利与政治权利国际公约》《美洲人权公

约》和《非洲人权宪章》都或多或少地照抄了这些先例的第 2 款。至于第 1 款的内容,只有《非洲人权和民族权利宪章》(第 13 条第 1 款)提及参与"治理其本国"。其他两个公约将其修改为参与"处理公共事务"。当谈及选举的时候,他们都明确指出,每一个公民有权成为候选人并参与投票——不受任何被禁止使用的歧视性约束,但是依然受到《公民权利与政治权利国际公约》说到的、必须不是"不合理"的限制,《美洲人权公约》为此在其第 23 条第 2 款作出了列举。这些很明显地包括年龄、居住地、精神状况,以及,对于民主来讲少些明显联系的一些内容,诸如语言、教育、犯罪记录和民事能力(《欧洲人权公约》在这些方面表示沉默)。所有这些都是绝对的和即时的国家义务,只有《美洲人权公约》规定即使在战争或公共紧急状态下,亦不允许作出任何克减。

欧洲人权委员会曾经受理过许多不同政治派别的人们对其国家选举制度表示不满的案件,包括对比利时和英国两院制的攻击(都没有受理)——后者完全不是由选举产生的。联合国人权事务委员会和美洲国家间人权委员会曾经批评它们在不同国家发现的一些政治实践传统,包括海地的总统终身制。

所有这些要将民主、自由和对人权的尊重这些相互冲突的关系置于何地呢?当一个国家的宪政史开始于对压迫的成功反抗,以及同时确立政府的民主机制的时候——像杰出的美国那样——其人民倾向于长久地认为这三者之间是不可分离的。甚至在那些历史事件发生后的两个世纪后,对于一个现代的美国人来讲,自由或者对人权的尊重能够在一个完全民主的政府体制之外得到维护的观点是不可思议的。对他来说,和许多生长在一个充满浓郁的民主传统里的其他人一样,民主是所有政治保卫的唯一目标,并且对人权的支持仅仅是实现这一目标的几种可取的方法之一,而不是目标本身。

不幸的是,从殖民地化和非殖民地化的一般经验来看,威斯敏斯特、国会山以及爱丽舍宫的民主制度不总是成功地移植到具有它们自身非常不同的文化、政治、经济和权力分配传统的国家,尤其在它们不敢冒险推翻的殖民统治者为它们人为划定的人造边界里,容纳了形形色色不同的人群的时候。结果,许多这样的国家不得不尝试非常不同类型的政府体制,它们不总是都有民主的味道。不可否认,其中一些尝试制造出了可怕的暴政,以及对人权的粗暴侵犯。但是其他一些没有造成这样的结果:这种关联性绝不是完全的。或许可能——尽管肯定会是困难的——在一个一党制的国家保护人权,只要它能为此目的组建合适的机构,诸如议会监察专员以及一个人人都有机会参与的开放的政党制度——这种体制将会担负起民主体制内各类机构相互制衡的必要功能。

那么,国际规则有关这方面的要求是什么呢?在它们应有的构造方面,没有任何一个条约规定任何国家都必须具有的政府模式。事实上,它们谈到了真实的定期选举、普遍和平等的选举权和秘密投票。但是这仅是指在不遭受歧视的情况下,个人有权利参与这些活动。它没有明确那些选举是什么:是选举立法机关,还是政府——但或许是部落长老会,或者是地方、区域的常务委员会。

国际人权法各项规定旨在对人权进行保护。为促成此目的所采取的手段是可以有所选择的，其中包括具有良好记录的代议制民主的形式。条约的确要求在公共事务管理中以及公共服务领域，正如它们所保护的其他权利一样，所有人要得到不受任何形式的歧视的对待。至于这是如何实现的，不论是采用代议制民主还是通过其他的制度设计，都留给各个国家自己来决定。因此，那种如有些人所认为的、条约坚持将"西方"或"第一世界"政府的构建方式强加给具有不同传统、需要的人民身上的说法是错误的。

然而，仅在一个方面，条约的确表现出了细微的对民主的偏向，那就是通过限制和例外的形式说明什么是合法的——第八章提到的，总是需要"依法规定"——以及对保护一个或一些公共价值来讲是"必要的"。但是，"必要的"这个词语总是在"在民主社会中"使用——在所有欧洲和美洲的公约中，以及联合国公约里的一些重要的地方，如集会权、结社权、工会，以及当需要将媒体和公众排除在法院审理之外的时候。至少在这些方面，什么是"必要的"的普遍标准就是一种民主政治。

18
"民族"权利

至此,我们已经研究过了个人权利,它们是在几个世纪中,在为人权的奋斗中发展而来的,现在受国际条约的保护:首先,独处的权利,按照某人意愿生活而不被国家或政府当局打扰的权利,除非该人的行为明显伤害到其他人;其次,要求国家代表某人调停的权利,以对某人遭受的非该人过错造成的不公进行救济,特别是在社会和经济领域。这些权利最近分别被称为"第一代"和"第二代"权利,尽管这一分类可能和其他的分类一样没什么用(参见第八章)。但在我们研究的最后,我们必须转而看看一系列新的权利,它们的倡导者把它们叫作"第三代"或"集体"权利。在人权法领域,大部分这些权利仍处于概念的形成阶段(而不是具有约束力的规则)——幸运的是,这个领域既未被冻结,也没有被固定下来,而是继续发展着。

除了是新生的权利之外,这些权利还有一个共同点是,有时很难看到个人如何被赋予或行使这些权利。依据传统理论,只有个人的权利才能被称为"人"权,属于其他团体(诸如国家、教会、企业、工会或其他)的权利可能非常值得拥有、获得、具有正当性,甚至具有强制力——但不论这些权利是什么,它们绝不会是人权。若是有人称诸如集会和结社之类的权利包括工会权是"集体"权利而非"个人"的权利,那么,简短的回答就是,公约用语并不支持这一论点,因为公约在谈及这些方面的时候全部将"人人"或"每个人"作为权利的主体。因此,集会权是个人联合其他个人的权利:它不是属于作为单独的而且是抽象的团体所享有的权利。无论如何,几乎每个人的权利和自由实际上只能与其他人协同行使,因而没有必要特别提出,除非有人想要否定它们。我们在第一章提到的亚当,直到夏娃、该隐和亚伯的到来,以及后来亚当斯维尔建立后,才有机会来实施其人权或自由,并主张对它们的保护。

自决和解放

所有这些看起来表述得都很明确,直到你看到两公约的第1条。"所有民族",两公约表述的完全一样,"都拥有自决权"。

无论如何,这一用语对于学习国际关系的学生来说并不陌生。这至少可以追溯到1945年的《联合国宪章》,在第1条中它宣誓了组织的目标就是"平等权利和民族自决原则"。两公约第1条第1款的用语也可以在联合国大会1960年通过的《关于准许殖民地国家及民族独立之宣言》第1条中找到。因而,这一规定反映了反殖民化——这不仅值得赞赏,而且证实了巨大的成功——今天,世界上几乎不再存在殖民地,联合国160个成员国[①]中有2/3的国家曾是殖民地,从1945

---

① 现已有193个成员国。

年起纷纷获得独立。

但这是种什么样的权利呢？既然两公约对其规定完全相同，可认为它们既是公民和政治权利也是经济、社会和文化权利。但它们是"人"权吗？它们属于谁？它们可抵抗的客体是谁？至少公约回答了最后一个问题，第1条本身构成公约第一部分，其第3款称"缔约国……应推进对自决权的实现……"。之后的第二部分，第2条施加给缔约国履行有关第三部分实体条款中规定的各种个人权利和自由的义务。

今天几乎没有人否认应该存在民族自决权，或者国际法中规定了这么一项权利。但是谁拥有这项权利？我们知道何为个人：你可以在街道、田间、监狱、法院、医院或者刑场前看到他或她。但何为民族？当然是一组个人——不可能是由其他事物组成的。但哪些个人？什么是德意志、犹太、巴勒斯坦或以色列"民族"？如果你是犹太人，你能成为德国人吗？这一问题存在于1933年到1945年间，而当权者给出的否定答案导致了史无前例的惨况，导致近六百万人丧生。如果你不是以色列人，那你能是巴勒斯坦人吗？这一问题现今仍存在着，同时也正造成大量损失，并导致数千人丧生——而今后可能会更多。

那这又是怎样一种问题？是实质性问题，只要进行足够的研究就可以找到答案？还是仅仅是源于我们的语言措辞的问题，以及我们如何拿这种语言界定事务，并用可以满足我们洁癖心理的方式对其进行分类——由于我们可以通过改变定义来改变答案，因而在现实世界中这是无法回答的？也许印度——其境内拥有比其他国家更多的"民族"——通过对两公约的保留给出了自己的答案：它宣称，自决权"仅适用于在外国统治下的民族，而非独立国家领土内或一个国家或民族的一部分——这是国家完整的本质所在。"

"民族"权利引发了一项更加复杂，甚至从某些角度来说来更加重要的问题。大祭司 Caiaphas 被报道曾在一个场合说过："一个人为民族献身，免得整个国家灭亡，就是你们的益处。"作为管理不同情况下全体"民族"的高级管理人所表达的观点，这很容易理解。他的许多继任者也表达了同样观点，并付诸实践。这有时不仅会造成一个人的损失，而且会给许许多多的男男女女带来巨大的损失——这全是为了这些男女以及管理者们所属的那个"民族"。但难道反对这一观点的现代人权法整体标准不是注定要提供保护的吗？一个足够机灵的管理人能以完美的"国家原因"来开脱几乎所有的暴行：不能灭亡整个国家或者一个真实的信仰或者经济或者英镑或者美元或者劳苦大众。那么，"民族"的权利如何能成为人权的一部分——个人可能会援引这一权利来对抗向其施加权力的人的命令，他们常常以"民族"之名提出的主张，或是其他他们希望使其行为获得合法性的空想？

对于民族自决权，《非洲人权和民族权利宪章》第19条和第20条在生效后另外增加了一些权利：平等权、生存权以及自由权，它们的表述如下："殖民地或被压迫民族有权通过国际社会认可的任何方式，使自己从统治中解放出来。"

或许他们应该这样做，但这肯定不是一项"人"权。公平地讲，《非洲人权和民族权利宪章》的起草者确实将这称为人权和民族权宪章，而这些条款似乎是关于民族权那一组权利的一部分，而不是之前关于个人权利的那一组。但所有这些条款还是构成了一个叫作"人类及民族权利"的单独章节。

财富、资源和发展

在宣布了民族自决权之后，两公约第 1 条接下来一段称，"所有民族可为他们自己的目的自由处置他们的天然财富和资源……"，这在《公民权利与政治权利国际公约》第 47 条，以及《经济、社会和文化权利国际公约》第 25 条中被作为"固有权利"。

同样，这也是无懈可击的：两公约接下来规定"在任何情况下，不得剥夺一个民族自己生存的手段"。几乎很难坚持称国际法不应该认可这样一项权利——且随着两公约的生效，现在也确实存在这么一项权利。但就其他全部条款而言，这些公约是关于人权的公约，很难看出这项权利如何满足那个特设类别的权利标准，既然——虽然很不错——它不属于任一个人，也不能对任何已知实体实施。

《非洲人权和民族权利宪章》在第 21 条扩展了"财富和资源权"后，在下一条中接着规定：

（1）在适当考虑他们的自由和身份以及对人类共同遗产予以平等享受的情况下，所有民族都应享有经济、社会和文化发展权。

（2）国家应负有义务，个别或集体地确保发展权的行使。

在一般国际法,特别是国际人权法领域里,这项新的"发展权"是当今社会伟大的增长点之一——而且是最热门的争论之一。对于任何一个曾到过全球绝大部分人口所在的所谓"第三世界国家"中较贫穷地区的人来讲,那种忧患是显而易见的,因而没有必要在此描述贫穷、物质、疾病、营养不良以及饥饿这些地方病造成的惨状。

很明显,这些国家政府的首要义务就是采取措施缓解现状。但它们面临最大的难题就是,应该从哪儿开始——特别是这个国家是其中的一个"新兴"国家,刚刚摆脱殖民统治而获得独立,它的边境是由前殖民国家给划分的,境内存在许多几乎没有共同国家归属感的不同的"民族",没有经济基础,更不用说要建立什么自给自足的经济了。因而,很容易理解这些政府将经济发展置于最高优先地位。

不幸的是,对这个理想目标的追求会遭到各种各困难的阻挠,尤其是当地部落问题、种姓问题、夹杂其间的阶级和宗教问题,以及随之而来的对于放弃旧习俗、旧惯例、旧机构以及权力机构的有力反抗。不耐心的政府会冒险通过各种方式向完全反抗的人群推行其发展政策,而这些措施并非全部都对人权给予适当的尊重。例如土地改革和外汇管制,这是因为(正如我们所了解到的)公约对财产的保护并非十分有力。

因而,问题在于如何协调发展与尊重人权的关系,关键在于"发展权"是否仅属于国家和"民族",还是也属于"个人"。如果这能被表述为个人享有的真正人权,那就可以保护他们免受决策者考虑不周的野心的侵害;反之,则不能。因而，解决方案只能朝着将发展定义为两项权利的方向考虑，一项赋予个人，一项授予国家——或者，有人愿意的话，叫作"民族"。如果将发展定义为一个过程，意在逐步创造条件使每个人都可以依法享受、行使、利用所有人权——无论是经济、社会、文化权利还是公民或政治权利，因为大家长久以来就承认这些权利都是不可分割、相互依存的——那么个人的发展权可被简单地定义为在不受被禁止的任何形式的歧视的状态下，他参与其中并从中获益的权利。并且，一旦一个国家能够表示这就是它所寻求的发展，那么它就可以在国际层面享有"发展权"，以一种权利的形式请求其他国家在实现其政策的过程中予以帮助——因此在国际层面反映了人权公约已在国内层面要求过的不歧视原则，并使得前者取决于后者的遵守。

这实际上是国际法学家委员会最近向国际社会提出的一个建议，人们只能期望这真的会落到实处。

国际和平

《世界人权宣言》第 28 条规定："人人有权要求一种社会的和国际的秩序，在这种秩序中，本宣言所载的权利和自由能获得充分实现。"

确实如此，很难相信如何能为此目的将这一合法权利授予个人，以对抗政府的方式来实施，而无论政府对于社会秩序具有怎样的权力，它不一定对国际秩序负有义务。事实上，只有《非洲人权和民族权利宪章》第 23 条规定了——实际上扩展了——这一主题的范围；《公民权利与政治权利国际公约》第20条以及《美洲人权公约》第13条第5款将其自身限制于要求禁止战争宣传,以及对于引发歧视、仇视或者暴力的国籍、种族或宗教仇恨的宣扬——事实上政府确实有权力对其进行禁止,虽然在一定程度上会损害同一公约所规定的表达自由。

环境

迄今为止,只有《非洲人权和民族权利宪章》规定了这一"第三代"权利,《非洲人权和民族权利宪章》第24条规定"每个民族都应享有适宜于自身发展的适宜环境权"。这样一种权利确实很重要,但同样很难相信个人是如何对抗国家主张权利,以及它是如何能分到人权这一类的。并不是说不应存在这一权利,或者不应寻求更精准的定义。或许最终可以沿着与发展权一样的道路找到解决措施,而这一权利与发展权是紧密联系的。

确实,若是所有的新生"第三代"或"集体"权利最终在人权的国际标准中找到自己的位置,一些构想应该得以规划,以使得它们中的每一项权利都能够被清楚地看作是赋予个人的、由个人实施并施加给国家相关明确的义务,进而可被解释、适用并执行。

少数人

只有《公民权利与政治权利国际公约》第27条规定:

> 在那些存在着人种的、宗教的或语言的少数人的国家中,不得否认这种少数人同他们的集团中的

其他成员共同享有自己的文化、信奉和实行自己的宗教或使用自己的语言的权利。

尽管《世界人权宣言》并未为此提供先例，但这一规定十分重要，它为个人权利和"民族"权利划清了界限。值得注意的是，这项权利是赋予少数人群体中的"个人"，但只能与其他成员"共同"行使。因此，这是一项真正的人权，尽管它的行使——和其他人权一样，如集会结社权——只能通过与他人共同行使而实现。所以，如果愿意的话，这可被认为是与所有那些成员都归属的"少数人"这一抽象概念相关——但仅是因为这一权利分别属于他们每一个人。

在最后的分析中，所有人权都是为了保护那些脆弱以及需要受到保护以免遭受强者压迫、迫害、剥削以及剥夺的人而存在的，如果他们的脆弱（常常确实是）是源于他们区别于主流群体的一些不同而造成的。不论他们的人口数量有多少，他们都不仅会将自己当作，而且也会被压迫他们的人视为少数人。

在这个意义上，所有人权都是为了保护少数者而存在的。而这一想法或许可以给本书提供一个恰当的结尾。

附录一

《世界人权宣言》介绍

1948年12月10日,联合国大会第217A(Ⅲ)号决议通过了《世界人权宣言》。1959年12月4日,联合国大会第423(Ⅴ)号决议确定将每年的12月10日定为"世界人权日"以此纪念《世界人权宣言》的颁布。

《世界人权宣言》是联合国通过的最早的国际性人权文件之一。《防止及惩治灭绝种族罪公约》比《世界人权宣言》早一天通过。其中,人权普世性的根源是《世界人权宣言》的重要主题之一。

作为所有民族和所有国家应当遵循的共同标准,《世界人权宣言》包含了广泛的公民、文化、经济、政治和社会权利。《世界人权宣言》显然为20年之后通过的两个重要的国际人权公约奠定了基础,并且在内容上很大程度与这两份公约相一致。值得注意的是,这两份公约并没有对《世界人权宣言》第17条所规定的财产权和序言第三段中"对暴政和压迫进行反抗"的规定进行重述。另一个需要注意的是,《世界人权宣言》将少数人权利纳入其中的尝试并不成功。取而代之的是,联合国大会在第217C(Ⅲ)号决议中声明,不会对少数人进行区别对待。之后,《公民权利与政治权利国际公约》第27条和其他大量文件都对少数人的权利进行了规定。

联合国的一些以宪章为基础建立的、非公约性的监督程序都遵循了《世界人权宣言》的规定。这些监督程序的管辖权限适用于所有缔约国，若有些国家没有批准相关条约，《世界人权宣言》将作为一个可以参考的文本。对于普遍定期审议机制和特别程序也是如此，被授权的特别报告员和工作小组应审查成员国履行基本人权的情况。

正如联合国网站上列出的参考书目所示，《世界人权宣言》是学术著作中经常出现的主题。① 正如联合国人权事务高级专员办事处的网站所列出，《世界人权宣言》已经被翻译成385种不同文字。这数字远远超过其他人权文件。②

与其他人权文件不同，《世界人权宣言》并不是一个条约。从根本上看，《世界人权宣言》是联合国大会投票通过的一个决议。48个成员国投票赞成了包括《世界人权宣言》的第217A（Ⅲ）号决议，没有成员国投反对票，8个成员国投弃权票，其中包括苏联、波兰、沙特阿拉伯和南非；另外有两国缺席投票环节。从国际法上来看，联合国大会的决议对各个国家是没有法定约束力的，除非有其他可适用的法源。因此，根据大量的国内法和广泛的国际法实践，一些学者认为，《世界人权宣言》或至少它的许多条款，已经成为国际习惯法的一部分。

---

① 更多参考文献及相关信息，参见 http：//www2.ohchr.org/english/issues/education/training/docs/UDHR_Bibliography.pdf，http：//www.ohchr.org/EN/UDHR/Pages/UDHRMaterials.aspx，http：//libraryresources.unog.ch/content.php? pid = 280454&sid=2310219，访问时间：2012-07-27。

② 不同语言的列表，参见 http：//www.ohchr.org/EN/UDHR/Pages/Introduction.aspx，访问时间：2012-07-27。

《世界人权宣言》

序言

鉴于对人类家庭所有成员的固有尊严及其平等的和不移的权利的承认,乃是世界自由、正义与和平的基础,

鉴于对人权的无视和侮蔑已发展为野蛮暴行,这些暴行玷污了人类的良心,而一个人人享有言论和信仰自由并免予恐惧和匮乏的世界的来临,已被宣布为普通人民的最高愿望,

鉴于为使人类不致迫不得已铤而走险对暴政和压迫进行反叛,有必要使人权受法治的保护,

鉴于有必要促进各国间友好关系的发展,

鉴于各联合国国家的人民已在联合国宪章中重申他们对基本人权、人格尊严和价值以及男女平等权利的信念,并决心促成较大自由中的社会进步和生活水平的改善,

鉴于各会员国业已誓愿同联合国合作以促进对人权和基本自由的普遍尊重和遵行,

鉴于对这些权利和自由的普遍了解对于这个誓愿的充分实现具有很大的重要性,

因此现在,

大会,

发布这一世界人权宣言,作为所有人民和所有国家努力实现的共同标准,以期每一个人和社会机构经常铭念本宣

言，努力通过教诲和教育促进对权利和自由的尊重，并通过国家的和国际的渐进措施，使这些权利和自由在各会员国本身人民及在其管辖下领土的人民中得到普遍和有效的承认和遵行；

第一条

人人生而自由，在尊严和权利上一律平等。他们赋有理性和良心，并应以兄弟关系的精神相对待。

第二条

人人有资格享有本宣言所载的一切权利和自由，不分种族、肤色、性别、语言、宗教、政治或其他见解、国籍或社会出身、财产、出生或其他身份等任何区别。

并且不得因一人所属的国家或领土的政治的、行政的或者国际的地位之不同而有所区别，无论该领土是独立领土、托管领土、非自治领土或者处于其他任何主权受限制的情况之下。

第三条

人人有权享有生命、自由和人身安全。

第四条

任何人不得使为奴隶或奴役；一切形式的奴隶制度和奴隶买卖，均应予以禁止。

第五条

任何人不得加以酷刑，或施以残忍的、不人道的或侮辱性的待遇或刑罚。

第六条

人人在任何地方有权被承认在法律前的人格。

第七条

法律之前人人平等，并有权享受法律的平等保护，不受任何歧视。人人有权享受平等保护，以免受违反本宣言的任何歧视行为以及煽动这种歧视的任何行为之害。

第八条

任何人当宪法或法律所赋予他的基本权利遭受侵害时，有权由合格的国家法庭对这种侵害行为作有效的补救。

第九条

任何人不得加以任意逮捕、拘禁或放逐。

第十条

人人完全平等地有权由一个独立而无偏倚的法庭进行公正的和公开的审讯，以确定他的权利和义务并判定对他提出的任何刑事指控。

第十一条

（一）凡受刑事控告者，在未经获得辩护上所需的一切保证的公开审判而依法证实有罪以前，有权被视为无罪。

（二）任何人的任何行为或不行为，在其发生时依国家法或国际法均不构成刑事罪者，不得被判为犯有刑事罪。刑罚不得重于犯罪时适用的法律规定。

第十二条

任何人的私生活、家庭、住宅和通信不得任意干涉，他的荣誉和名誉不得加以攻击。人人有权享受法律保护，以免受这种干涉或攻击。

第十三条

（一）人人在各国境内有权自由迁徙和居住。

（二）人人有权离开任何国家，包括其本国在内，并有权返回他的国家。

第十四条

（一）人人有权在其他国家寻求和享受庇护以避免迫害。

（二）在真正由于非政治性的罪行或违背联合国的宗旨和原则的行为而被起诉的情况下，不得援用此种权利。

第十五条

（一）人人有权享有国籍。

（二）任何人的国籍不得任意剥夺，亦不得否认其改变国籍的权利。

第十六条

（一）成年男女，不受种族、国籍或宗教的任何限制有权婚嫁和成立家庭。他们在婚姻方面，在结婚期间和在解除婚约时，应有平等的权利。

（二）只有经男女双方的自由和完全的同意，才能缔婚。

（三）家庭是天然的和基本的社会单元，并应受社会和国家的保护。

第十七条

（一）人人都有单独的财产所有权以及同他人合有的所有权。

（二）任何人的财产不得任意剥夺。

第十八条

人人有思想、良心和宗教自由的权利；此项权利包括改变他的宗教或信仰的自由，以及单独或集体、公开或秘密地以教义、实践、礼拜和戒律表示他的宗教或信仰的自由。

第十九条

人人有权享有主张和发表意见的自由；此项权利包括持有主张而不受干涉的自由，和通过任何媒介和不论国界寻求、接受和传递消息和思想的自由。

第二十条

（一）人人有权享有和平集会和结社的自由。

（二）任何人不得迫使隶属于某一团体。

第二十一条

（一）人人有直接或通过自由选择的代表参与治理本国的权利。

（二）人人有平等机会参加本国公务的权利。

（三）人民的意志是政府权力的基础；这一意志应以定期的和真正的选举予以表现，而选举应依据普遍和平等的投票权，并以不记名投票或相当的自由投票程序进行。

第二十二条

每个人，作为社会的一员，有权享受社会保障，并有权享受他的个人尊严和人格的自由发展所必需的经济、社会和文化方面各种权利的实现，这种实现是通过国家努力和国际合作并依照各国的组织和资源情况。

第二十三条

（一）人人有权工作、自由选择职业、享受公正和合适的工作条件并享受免于失业的保障。

（二）人人有同工同酬的权利，不受任何歧视。

（三）每一个工作的人，有权享受公正和合适的报酬，保证使他本人和家属有一个符合人的生活条件，必要时并辅以其他方式的社会保障。

（四）人人有为维护其利益而组织和参加工会的权利。

第二十四条

人人有享有休息和闲暇的权利，包括工作时间有合理限制和定期给薪休假的权利。

第二十五条

（一）人人有权享受为维持他本人和家属的健康和福利所需的生活水准，包括食物、衣着、住房、医疗和必要的社会服务；在遭到失业、疾病、残废、守寡、衰老或在其他不能控制的情况下丧失谋生能力时，有权享受保障。

（二）母亲和儿童有权享受特别照顾和协助。一切儿童，无论婚生或非婚生，都应享受同样的社会保护。

第二十六条

（一）人人都有受教育的权利，教育应当免费，至少在初级和基本阶段应如此。初级教育应属义务性质。技术和职业教育应普遍设立。高等教育应根据成绩而对一切人平等开放。

（二）教育的目的在于充分发展人的个性并加强对人权和基本自由的尊重。教育应促进各国、各种族或各宗教集团间的了解、容忍和友谊，并应促进联合国维护和平的各项活动。

（三）父母对其子女所应受的教育的种类，有优先选择的权利。

第二十七条

（一）人人有权自由参加社会的文化生活，享受艺术，并分享科学进步及其产生的福利。

（二）人人对由于他所创作的任何科学、文学或美术作品而产生的精神的和物质的利益，有享受保护的权利。

第二十八条

人人有权要求一种社会的和国际的秩序，在这种秩序中，本宣言所载的权利和自由能获得充分实现。

第二十九条

（一）人人对社会负有义务，因为只有在社会中他的个性才可能得到自由和充分的发展。

（二）人人在行使他的权利和自由时，只受法律所确定的限制，确定此种限制的唯一目的在于保证对旁人的权利和自由给予应有的承认和尊重，并在一个民主的社会中适应道德、公共秩序和普遍福利的正当需要。

（三）这些权利和自由的行使，无论在任何情形下均不得违背联合国的宗旨和原则。

第三十条

本宣言的任何条文，不得解释为默许任何国家、集团或个人有权进行任何旨在破坏本宣言所载的任何权利和自由的活动或行为。

附录二

联合国人权两公约介绍

《公民权利与政治权利国际公约》介绍

《公民权利与政治权利国际公约》于联合国大会1966年12月16日第2200A（XXI）号决议通过。该公约于1976年3月23日生效。截至2010年12月，共有167个国家成为该公约的缔约国。

1948年12月10日，随着《世界人权宣言》的通过，联合国大会要求人权委员会编制一份连同实施办法在内的人权公约的草案。在1951年，联合国大会在第543（VI）号决议中要求人权委员会起草两份人权公约，一份阐述公民权利和政治权利，另一份阐述经济，社会和文化权利，但是，两份公约的准备工作在经过了多年的讨论之后，直到1966年才完成。

1966年12月，《公民权利与政治权利国际公约任择议定书》与公约于同一届大会通过。该任择议定书于1976年3月23日生效。截至2010年12月，有113个国家成为了第一任择议定书的缔约国。

1989年12月15日，联合国大会第44/128号决议通过了《公民权利与政治权利国际公约旨在废除死刑的第二项任择议定书》。该任择议定书于1991年7月11日生效。截至

2010年12月，共有73个国家成为该议定书的缔约国。

《公民权利与政治权利国际公约》以及它的两个议定书所覆盖的公民权利和政治权利十分广泛。同时，公约及其议定书也为对缔约国的在人权方面的国内行为进行国际监督提供了措施。

公约第一条规定，所有人民享有自决权，并特别规定：他们凭这种权利自由决定他们的政治地位，并自由谋求他们的经济、社会和文化的发展。第二条强调了缔约国对公约的国内履行以及出现问题时的有效补救方法。

公约的条款突出了平等原则和不受歧视原则。第二条以若干理由规定了禁止歧视，第三条强调了男女平等地享有所有人权。第二十六条规定，所有的人在法律面前平等，并有权受法律的平等保护；第十四条规定了所有的人在法院和裁判所前一律平等；第二十五条规定所有的人都平等地享有获取各自国家的公共服务的机会；第二十三条保证缔婚双方在缔婚、结婚期间和解除婚约时的权利和责任平等；第二十七条则要求缔约国对境内存在的人种的、宗教的或语言的少数人的权利的保护。

公约第六条规定了对生命权的保护。《公民权利与政治权利国际公约旨在废除死刑的第二项任择议定书》对第六条进行了相应补充。根据第二项任择议定书的第一条，在本议定书缔约国管辖范围内，任何人不得被处死刑。

公约中其他一些条款保障所有人的人格健全和自由与安全。第八条规定了禁止奴隶制，奴隶买卖，奴役和强迫或强制劳动。第十二条规定了迁徙自由与选择住所的自由，第十三条限制了对合法处在本公约缔约国领土内的外侨的驱逐。第十六条规定人人在任何地方有权被承认在法律前的人格。第十七条规定，不得对任何人的私生活、家庭、住宅或通信加以任意或非法干涉，不得对他的荣誉和名誉加以非法攻击。第二十三条承认了男女缔婚和成立家庭的权利以及缔婚双方在缔婚、结婚期间和解除婚约时的权利和责任平等的原则。在解除婚约的情况下，应为儿童规定必要的保护办法。同时，公约在第二十四条规定了保护儿童权利的措施。

公约中还有一系列的条款涉及了公正司法权。第九条全面禁止任意逮捕和拘禁。同时，根据第七条，对任何人均不得加以酷刑或施以残忍的、不人道的或侮辱性的待遇或刑罚。所有被剥夺自由的人应给予人道及尊重其固有的人格尊严的待遇（第十条），任何人不得仅由于无力履行约定义务而被监禁（第十一条）。除了保障所有人在法庭和裁判所前一律平等，第十四条还规定了一些在民事或者刑事诉讼中必须受到尊重的保障性权利，如聘请辩护律师的权利和上诉的权利。第十五条禁止溯及既往的刑事立法。

公约在第十八条中规定了人人有权享受思想、良心和宗教自由；第十九条规定了思想自由、言论自由和信息自由；第二十一条规定了和平集会自由；第二十二条规定了结社的自由。第二十五条规定了每一位公民参与公共事务的权利、获得公共服务的权利，选举与被选举权。

为了监督缔约国对《公民权利与政治权利国际公约》所设定的权利的履行状况，公约第二十八条规定了人权事务委员会的建立。这个由独立专家组成的机构负责监督缔约国对于公约的遵守情况。

所有缔约国都有义务每四年向委员会提交一份定期报告,介绍各国国内对于公约所规定的权利履行情况。委员会会审查每一份报告和相关信息。如果发现不符,委员会会以结论性意见的形式将其关注的问题与建议提交给该国。除了定期报告程序,公约第四十一条还授权委员会接受国内控诉。

公约第一任择议定书第一条授权人权事务委员会接受并审查,称公约所载的任何权利受到侵害的个人来文。换句话说,公约缔约国如果承认任择议定书对其生效的话,则意味着该国承认委员会有权力处理声称因其缔约国违反公约所载的任何权利而遭受侵害的个人的来文。声称受到侵害并且已经用尽国内救济的个人,可向委员会提交书面申请(第二条)。

在决定受理该来文之后(详见第二、三条和第五条第二款),人权委员会应将来文提请所涉及的缔约国注意。收到通知的国家应于六个月内向委员会提交就该问题进行说明的书面解释或声明,并就其可采取的救济办法一并说明(第四条)。依据个人和缔约国所提供的所有书面信息,委员会通过举行不公开会议审查可采纳的信息。根据审查的结论,委员会将其意见送达该缔约国和个人(第五条)。

公约第二项任择议定书第三条规定了,该议定书缔约国应在其向人权事务委员会提交的报告中载列它们为有效实施本议定书而采取的措施的资料。公约第二项任择议定书第五条规定,考虑到第一项任择议定书的任何缔约国,人权事务委员会关于接受和审议受有关国家管辖的个人的来文的权限，应扩大至包括公约第二项任择议定书的各项规定，除非有关缔约国在批准或加入时作出相反的声明。

人权事务委员会根据其自身结合国家报告和对个人来问的回应所做出的众多观察评论和意见，发布了若干一般性意见或摘要，来解释具体权利的含义、其他专题和程序问题或其工作方式。截至2010年12月，委员会已经发布了33个一般性意见。

事务委员会每年会通过经社事务委员会向联合国大会提交一份关于其活动的年度报告（第45条）。另外，在联合国人权高专办的网站（www.ohchr.org）上也可以查询到条约及其两项议定书、公约加入国与保留国的名单、国别报告和委员会对报告的结论性意见、对个人来文的回应以及一般性意见。

《经济、社会和文化权利国际公约》介绍

1948年12月10日，随着《世界人权宣言》的通过，联合国大会要求人权委员会编制一份包含实施办法在内的人权公约的草案。1951年，大会在第543（六）号决议中要求人权委员会起草两份人权公约，一份阐述经济、社会和文化权利，另一份阐述公民权利和政治权利。但是，两公约的准备工作在经过了多年的讨论之后，直到1966年才完成。

1966年12月16日，联合国大会第2200A（XXI）号决议通过了《经济、社会和文化权利国际公约》。该公约于1976年1月3日生效。截至2010年12月，共有160个国家成为该公约的缔约国。

2008年12月，联合国大会第117/63号文件通过了《经济、社会和文化权利国际公约》的任择议定书。该任择议定书应于第十份批准书或加入书存放至联合国秘书长处之日起三个月后生效。该任择议定书允许个人来文。截至2010年12月，该任择议定书尚未生效，因为只有三个国家成为该任择议定书的缔约国。

《经济、社会和文化权利国际公约》所覆盖的经济、社会和文化权利十分广泛。同时，也为对缔约国在人权方面的国内行为进行国际监督提供了措施。

公约第一条规定，所有民族都有自决权，并特别指出"他们凭这种权利自由决定他们的政治地位，并自由谋求他们的经济、社会和文化的发展。"

第二条规定缔约国对公约的履行。该条第一段称："每一缔约国家承担尽最大能力个别采取步骤或经由国际援助和合作，特别是经济和技术方面的援助和合作，采取步骤，以便用一切适当方法，尤其包括用立法方法，逐渐达到本公约中所承认的权利的充分实现。"

公约的条款突出了平等原则和不受歧视原则。第二条适用于整个公约，条款以若干理由规定了禁止歧视。第三条强调了男女平等地享有所有人权。第七条规定了公平的工资和同值工作同酬而没有任何歧视，人人在其行业中有适当的提级的同等机会，除资历和能力的考虑外，不受其他考虑的限制。第十三条规定，高等教育应根据成绩，以一切适当方法，对一切人平等开放，特别要逐渐做到免费。

公约承认了工作权（第六条）；享受公正和良好的工作条件的权利（第七条）；组织和参加工会的权利（第八条）；

享有社会保障的权利，包括社会保险（第九条）；应对家庭提供尽可能广泛的保护和协助，尤其是对母亲，儿童和少年（第十条）；获得相当的生活水准的权利（第十一条）；享有能达到的最高的体质和心理健康的标准的权利（第十二条）；接受各个层次教育的权利（第十三、十四条）；参加文化生活的权利；享受科学进步及其应用所产生的利益的权利；享受对其本人的任何科学、文学或艺术作品所产生的精神上和物质上的利益被保护的权利；享受科学研究和创造性活动所必不可少的自由（第十五条）。

公约中的这些实质性规定与联合国相关机构所接受的国际标准和进行的活动相一致，并对之进行补充。这些机构包括国际粮农组织，国际劳工组织，联合国儿童基金会，联合国教科文组织，世界卫生组织和世界知识产权组织。

经济，社会和文化权利委员会（CESCR）是由独立专家组成的机构，负责监督缔约国对《经济，社会，文化权利国际公约》的履行情况。为实现公约第四部分而授权联合国经社理事会监督功能，经社理事会以1985年5月28日通过的第1985/17号决议为根据建立该委员会。该由独立专家组成的机构在日内瓦举行会议，通常为一年两届。每次包括一个为期三周的全体会议和一个为期一周的会前工作组会议。

所有缔约国有义务就公约权利的实施情况向委员会提交定期报告。缔约国必须在加入公约后两年内提交第一份报告，之后为每五年提交一次。委员会审查每一份报告和相关信息。如果发现不符，委员会会以结论性意见的形式将其关注的问题与建议提交给该成员国。另外，根据公约第十八条，鉴于专门机构向理事会做出的关于其在活动范围内为实现遵守公约规定所取得的进展的报告，委员会可以对专门机构作出安排。第二十二条规定，委员会可将从上述报告中所产生的问题提交给提供技术援助的其他联合国机构以及有关的专门机构。这些机构可以决定，在他们的能力范围内，什么样的国际措施有助于进一步实现对本公约的切实履行。

介于收到了各式各样的来文，2008年12月10日，联合国大会一致通过了《经济、社会和文化权利国际公约》的任择议定书。该任择议定书授权委员会接受和审查个人或个人联名的来文。该任择议定书在2009年的签署仪式上开放给各国签署。但如上所述，该任择议定书现在还未生效。

委员会还会公布对公约条款的解释和总结，也就是我们熟知的一般性意见。社经文权利委员会根据其自身结合国家报告所做出的众多观察评论，发布了若干一般性意见来解释具体权利的含义、其他专题和程序问题或其工作方式。截至2010年12月，委员会共发布了21项一般性意见。

公约中有些条款十分简短。例如第九条："本公约缔约各国承认人人有权享受社会保障，包括社会保险。"然而，文字虽然简洁，但从条文内容上看却意味着，国家必须提供社会保障和社会保险。这是最低的限度。而这样做，国家同时还要遵守公约二、三条，即基于一系列不可歧视的理由，国家不可歧视社会保障的接受者。若要进一步阐释，则需要阅读委员会2007年通过的关于"社会保障权"的第十九号一般性意见。在其他的一般性意见中委员会也作出解释，例如对国家履行、国际援助、教育权、食物权、健康权和水权。

委员会每年会向经社理事会提交一份关于其活动的年度报告。另外，在联合国人权高专办的网站（www.ohchr.org）上也可以查询到公约及其议定书、公约加入国与保留国的名单，国别报告和理事会对这些报告的结论性意见以及一般性意见。

译者后记

首先感谢中国政法大学中欧法学院郑永流教授！2010年春，他热情邀请我翻译一本介绍国际人权法的读物。随后，我向自己在隆德大学读硕士研究生时的导师古孟德教授寻求帮助，请他推荐一本能够用通俗易懂的语言，给普通读者说清楚人权到底是什么的书籍。第二天，本书的书名就躺在我的电子邮箱了。按照出版社的要求，我很快提交了一个简短的图书介绍和自己的试译稿。

屈指一算，从学英语到现在已经三十多个年头。现在每天伏案工作的时候，多数情况下都在使用英语。但真正要坐下来翻译一本英文书籍的时候，才发现这个时候除了需要大量的专业知识外，还需要特别耐心。多少次读着原文，但就是不知道怎么把它们转变成读起来朗朗上口的汉字的时候，不由得脑门冒汗、抓耳挠腮。幸亏中国人民大学出版社的编辑不但没有催着我交稿，而且不断地给我鼓励。借此机会向他表示衷心的感谢！

在翻译过程中，中国政法大学人权研究院李若愚老师和2012级人权法专业硕士研究生石慧同学给予了许多宝贵的帮助。戴婷婷、高洋、刘洋、马洁心、闫姿含、赵倩、朱海等同学很认真地比照原文，对翻译初稿提出了大量的建议。在此一并表示深深的谢意！

由于个人学术能力所限，文中难免存在词不达意的地方。所有责任应由我个人承担。

The Lawful Rights of Mankind: An Introduction to the International Legal Code of Human Rights by Paul Sieghart

Copyright © Oxford University Press 1985.

Simplified Chinese version © 2016 by China Renmin University Press.

All Rights Reserved.

The Lawful Rights of Mankind: An Introduction to the International Legal Code of Human Rights, First Edition was originally published in English in 1985.

This translation is published by arrangement with Oxford University Press.

《人类的法定权利》英文版1985年出版。简体中文版由牛津大学出版社授权出版。

图书在版编目（CIP）数据

人类的法定权利/［英］赛格特（Sieghart, P.）著；张伟译.
—北京：中国人民大学出版社，2016.4
书名原文：The Lawful Rights of Mankind：An Introduction to the International Legal Code of Human Rights
ISBN 978-7-300-22471-8

Ⅰ.①人… Ⅱ.①赛… ②张… Ⅲ.①政治-历史-世界 Ⅳ.①D59

中国版本图书馆CIP数据核字（2016）第028832号

人类的法定权利
The Lawful Rights of Mankind
［英］保罗·赛格特（Paul Sieghart）　著
张伟　译
Renlei de Fading Quanli

出版发行	中国人民大学出版社				
社　址	北京中关村大街31号		邮政编码	100080	
电　话	010-62511242（总编室）		010-62511770（质管部）		
	010-82501766（邮购部）		010-62514148（门市部）		
	010-62515195（发行公司）		010-62515275（盗版举报）		
网　址	http://www.crup.com.cn				
	http://www.ttrnet.com（人大教研网）				
经　销	新华书店				
印　刷	北京中印联印务有限公司				
规　格	155 mm×235 mm　16开本		版　次	2016年4月第1版	
印　张	15.75　插页1		印　次	2016年4月第1次印刷	
字　数	156 000		定　价	39.80元	

版权所有　侵权必究　　印装差错　负责调换